westermann

EinFach
Geschichte
... unterrichten

Sek II

Der Untergang der Römischen Republik

Zwischen Diktatur und Kaiserreich

Erarbeitet von
Andreas Sanfilippo

Herausgegeben von
Marco Anniser und
Oliver Satter

westermann GRUPPE

Druck A[1] / Jahr 2021
Alle Drucke der Serie A sind im Unterricht parallel verwendbar.

Umschlagbild: akg-images GmbH/Scala, Berlin
Druck und Bindung: Westermann Druck GmbH, Georg-Westermann-Allee 66, 38104 Braunschweig

ISBN 978-3-14-**024752**-8

Baustein 5: Octavians Weg zur Macht und der Prinzipat 81

Vorwort

Der vorliegende Band ist Teil einer Reihe von Themenheften, die an den Bedürfnissen des Unterrichtsalltags orientiert sind. Die Reihe *EinFach Geschichte ... unterrichten* richtet sich an Geschichtslehrerinnen und -lehrer und sieht sich als Ergänzung zu den eingeführten Lehrwerken.

Die Reihe will mit variabel einsetzbaren thematischen Bausteinen sowie vielfältigen Methoden und Sozialformen Angebote machen für einen abwechslungsreichen Unterricht:

- Jedes Heft bietet mehrere Bausteine zu interessanten Aspekten des jeweiligen Themas.
- Jeder Baustein umfasst kopierfähige Arbeitsblätter – jeweils verbunden mit einer einführenden Sachanalyse, methodisch-didaktischen Hinweisen und Lösungen in Form von ausführlichen Erwartungshorizonten.
- Am Ende jedes Bausteins befindet sich ein Rätsel mit der entsprechenden Auflösung oder ein Spiel.

Aus der Praxis – für die Praxis: Unser Anliegen ist es, Lehrerinnen und Lehrern schnell und effizient das für den Unterricht nötige Hintergrundwissen bereitzustellen; daher ist die Ausführlichkeit einer wissenschaftlichen Abhandlung nicht sinnvoll. Für eine tiefer gehende stoffliche Einarbeitung sei auf die wissenschaftliche Fachliteratur verwiesen.

Bei der Verwendung der Bausteine gibt es keine bindende Reihenfolge, sondern es kann nach eigenen didaktischen Überlegungen eine Auswahl getroffen werden. Das Bausteinprinzip der Reihe bietet so flexible Möglichkeiten und erleichtert damit nicht zuletzt auch die Unterrichtsvorbereitung.

Obwohl die Lehrpläne der Bundesländer unterschiedliche Schwerpunkte setzen, stimmen die zentralen thematischen Inhalte vielfach überein, sodass die Hefte bzw. Bausteine der Reihe *EinFach Geschichte ... unterrichten* problemlos in allen Bundesländern zum Einsatz kommen können.

Baustein 1

Der Beginn der Krise im Zuge von ersten Reformen

Überblick

Im ersten Baustein stehen die ersten Veränderungen und Neuordnungsversuche, aber auch Krisenerscheinungen im Fokus, die von den gracchischen Reformen bis zum Bundesgenossenkrieg reichen (123 – 88 v. Chr.). Diese Zeit bildet sozusagen das Œuvre für das Ende der Republik, das erst mit der Errichtung des Prinzipats de facto erreicht werden sollte. Der Baustein selbst umfasst die folgenden Arbeitsblätter:

- Als erstes wird unter der Leitfrage **Rom nach den Punischen Kriegen – Wer kämpft um die Macht?** (**AB 1**) darauf geblickt, welche Parteiungen eigentlich existierten. Dabei liegt der Fokus vor allen Dingen auf den Optimaten.
- Daran schließt sich eine genauere Auseinandersetzung mit den Gracchenbrüdern an. Die Arbeitsblätter **2 a** und **2 b**, die einmal auf Tiberius und das andere Mal auf Gaius Gracchus blicken, stehen unter der Leitfrage **Die Gracchen – Wer ist stärker: Die Volkstribunen oder der Senat?**
- Nach diesem ersten Kontakt mit Reform(versuch)en der Zeit stellt sich die Frage **Warum kommt es zur Krise der Republik?** Hierfür sollen sich die Schülerinnen und Schüler mit zwei Texten des antiken Autors Sallust auseinandersetzen (**AB 3 a und 3 b**), der dieser Frage nach Caesars Tod nachgegangen ist.
- Es folgt ein Blick auf die Heeresreform des Marius, die weitreichende Folgen für die kommenden Jahrzehnte und Auseinandersetzungen hatte. Die Leitfrage lautet hierbei: **Die Heeresreform des Marius – Segen oder Fluch?** (**AB 4**).
- Abschließend richtet sich der Fokus auf den Bundesgenossenkrieg. Auch hierzu gibt es zwei Arbeitsblätter (**AB 5 a und 5 b**). Auch wenn die Leitfrage **Der Bundesgenossenkrieg – Roms Macht in Gefahr?** identisch ist, stehen zunächst die Ursachen des Krieges und die Maßnahmen der Bundesgenossen im Vordergrund und dann die Reaktionen von Seiten Roms.

Arbeitsblatt 1
S. 11

Arbeitsblätter 2a/b
S. 13 + 15

Arbeitsblätter 3a/b
S. 17 + 19

Arbeitsblatt 4
S. 21 – 22

Arbeitsblätter 5a/b
S. 24 + 26

Sachanalyse

Situation um das Jahr 146 v. Chr.

Mit der endgültigen Unterwerfung der Griechen und der Zerstörung Karthagos in Nordafrika 146 v. Chr. hatten die Römer ihre Vormachtstellung nicht nur abgesichert, sondern mussten keinen starken Gegner mehr fürchten. Die dauernden Kriege jedoch führten zu inneren Problemen, denn die Bauern beispielsweise, die im römischen Heer tätig waren, konnten oftmals ihre Felder nach ihrer Rückkehr nicht mehr bestellen. Zugleich wurden reiche Senatoren immer reicher und fingen an, die Felder von Kleinbauern zu niedrigen Preisen zu kaufen und durch Sklaven bewirtschaften zu lassen. Die zunehmende Verarmung von Bauern, die nach Rom kamen und das Proletariat bildeten, führte schon bald zu großen Meinungsverschiedenheiten.

Tiberius Gracchus

Populare Politiker wie die Gracchenbrüder wollten den Bauern entgegenkommen. Die Optimaten, denen viele Reiche angehörten, lehnten dies ab. Es ist also kaum verwunderlich, dass Konflikte vorprogrammiert waren. 133 v. Chr. war Tiberius Sempronius Gracchus einer der Volkstribunen gewesen und er war bestrebt, durch Reformen etwas zu verändern. Sein

Reformwerk sah es vor, reiche Grundbesitzer gegen eine Zahlung einer bestimmten Entschädigungssumme weitestgehend zu enteignen (es gab eine bestimmte Regelung, wie viel Acker jeder besitzen durfte) und das so staatlich gewordene Ackerland an Mittellose zu vergeben, die es bewirtschaften durften, wobei der Acker weiterhin als *ager publicus* in staatlicher Hand verblieb. Um die Reformen bewilligt zu bekommen, wandte sich Tiberius Gracchus gegen die Magistrate und verbot ihnen bis zur Abstimmung über das Reformprogramm sämtliche Amtshandlungen. Zugleich ließ er Marcus Octavius, ein Optimat und weiterer Volkstribun, aus dem Amt entheben, was illegal war. So musste Tiberius Gracchus eine Anklage fürchten, die er durch eine Wiederwahl zum Volkstribun verhindern wollte. Daraus wurde nichts. Der Ausnahmezustand wurde verhängt, Tiberius Gracchus und zahlreiche seiner Anhänger wurden ermordet.

Gaius Gracchus

Zehn Jahre später (123 v. Chr.) wurde Tiberius' Bruder Gaius Volkstribun. Er strebte danach, die Macht der Optimaten zu brechen. Er griff die Agrarreform seines Bruders auf, ging aber noch weiter, indem er Ritter als Geschworene in Gerichten zuließ und Investitionen in die Infrastruktur tätigte. Die Konservativen reagierten: Um eine dritte Amtszeit als Volkstribun von Gaius Gracchus zu verhindern, schickten sie Marcus Livius Drusus ins Rennen, der ebenfalls eine volksfreundliche Politik betrieb, dabei aber mehr versprach, als er halten konnte. Weil Gaius Gracchus auch noch das volle Bürgerrecht für die Bundesgenossen forderte, scheiterte er an der dritten Amtszeit. So kam es, wie es kommen musste: Die Reformen des Gaius Gracchus wurden zurückgeschraubt. Dieser wiederum besetzte den Aventin, um so ein Zeichen gegen die Konservativen zu setzen. Wie gegen seinen Bruder wurde der Ausnahmezustand verhängt, Gaius ließ sich von einem Sklaven töten und tausende Anhänger von ihm fielen bei einer Säuberungsaktion.

Heeresreform des Marius

Am Ende des 2. Jhdts. war Rom plötzlich mit einem neuen Problem konfrontiert. Sowohl beim Einfall der Kimbern und Teutonen als auch beim Krieg gegen Iugurtha in Numidien kam es zu einigen Niederlagen. Das Heer war nicht mehr so leistungsfähig gewesen und erwies sich als schwach. In dieser Situation war es Gaius Marius, der eine tiefgreifende Heeresreform durchführte, durch die das römische Milizheer abgeschafft und durch ein Berufsheer ersetzt wurde. In dieses Heer wurden auch Proletarier und Freiwillige aufgenommen, der Staat kam für die Rüstung auf und nach Ableistung der Dienstzeit lockte Landbesitz. In der Folge konnte das römische Heer die Konflikte siegreich zu Ende bringen, doch andererseits bekam der Heerführer im Zuge der Heeresreform eine sehr große Machtfülle und die Soldaten waren nicht mehr dem Staat, sondern dem Heerführer loyal – ein Umstand, der in der Folge zu großen inneren Konflikten und Kriegen führen sollte.

Bundesgenossenkrieg

Aber so weit war es noch nicht: In den Jahren 91 – 89 gab es einen anderen massiven inneren Konflikt, den sogenannten Bundesgenossenkrieg. Die Bundesgenossen strebten schon länger nach mehr politischer Mitbestimmung und letztlich nach dem Bürgerrecht. Auch wenn immer wieder einzelne Politiker ihnen dieses in Aussicht gestellt hatten, hatten sie es doch nie bekommen – zumal die Mehrheit im Senat daran nicht interessiert war. 91 v. Chr. war der Geduldsfaden bei den *socii* gerissen. Sie fielen mehrheitlich von Rom ab und strebten nun sogar einen unabhängigen Staat an. Die Situation war ernst für die Römer. Erst mit dem Zugeständnis des vollen Bürgerrechtes legte sich 89 v. Chr. der Konflikt (nicht final, aber letztlich doch hauptsächlich). Fortan genossen alle Bewohner der italischen Halbinsel bis zum Po das römische Bürgerrecht.

Methodisch-didaktische Analyse

Bevor sich mit den tatsächlichen Reformversuchen und durchgeführten Reformen sowie Krisenerscheinungen der Zeit von den Gracchen bis zum Bundesgenossenkrieg auseinandergesetzt werden soll, erscheint es sinnvoll, dass die Schülerinnen und Schüler erstmal einen Überblick darüber bekommen, wer in Rom eigentlich um die Macht konkurrierte. Unter der Leitfrage **Rom nach den Punischen Kriegen – Wer kämpft um die Macht?** sollen die Lernenden in **AB 1** verstehen lernen, dass es mit den Popularen und Optimaten zwei konkurrierende Parteiungen innerhalb des römischen Adels gab. Hierzu bearbeiten die Lernenden einen Auszug aus einer Rede von Marcus Tullius Cicero, in der er das Wesen der Optimaten detailliert beschreibt. Zunächst sollen die Schülerinnen und Schüler anhand des Textes die Kennzeichen der Optimaten herausarbeiten, doch in Aufgabe 2 soll schon weiter gedacht und diskutiert werden, inwiefern eine Herrschaft der Optimaten zu einem Problem werden könnte. Hierzu ist es empfehlenswert, wenn die Schülerinnen und Schüler zunächst in Partnerarbeit oder in kleinen Gruppen Argumente sammeln, die dann in einer Klassendiskussion genannt werden (können). Leitfrage AB1

Als nächstes stehen die Gracchischen Reformen im Vordergrund. Es ist lohnenswert, die Leitfrage **Die Gracchen – Wer ist stärker: Die Volkstribunen oder der Senat?** noch vor dem Bearbeiten der beiden Arbeitsblätter zu stellen, denn dadurch wird der Fokus der Schülerinnen und Schüler direkt auf einen wichtigen Punkt der Auseinandersetzung gelenkt. Für die Bearbeitung der Arbeitsblätter sei folgende Vorgehensweise empfohlen: **AB 2a** bietet einen Auszug aus einer antiken Quelle, die sich mit Tiberius Gracchus befasst. Die erste Aufgabe – die Zusammenfassung der Beweggründe der Reform des Tiberius Gracchus sowie die Kernaussage dieser Reform – kann in Einzelarbeit erfolgen und dann in Kleingruppen oder im Plenum besprochen werden. Darauf folgt eine Betrachtung der Gegner von Tiberius Gracchus. Wichtig wäre eine schriftliche Fixierung der Ergebnisse, denn dies ermöglicht später auch einen Vergleich zwischen den Gegnern von Tiberius und Gaius Gracchus und lässt schneller und leichter eminent wichtige Parallelen – auch für die Beantwortung der Leitfrage – erkennen. Leitfrage AB 2a
Nun zum zweiten Arbeitsblatt (**AB 2b**), welches das Lebensende von Gaius Gracchus ins Zentrum rückt. Die Schülerinnen und Schüler sollen zunächst in Form eines Clusters die Reformen des Gaius Gracchus darstellen. An sich sollte kein allzu großer Diskussionsbedarf bei dieser Aufgabe bestehen, da die einzelnen Punkte sehr deutlich im beigefügten Text zu finden sind. Aufgabe 2 entspricht der Aufgabe 2 von AB 2a und hier bietet es sich an, ergänzend noch einen Vergleich der Gegner der beiden Gracchen durchzuführen. Die finale Aufgabe von AB 2b rückt nun ganz explizit die eigentliche Leitfrage ins Zentrum. Die Lernenden sollen beurteilen, inwiefern Politik gegen den Senat möglich war. Hier sollen die Schülerinnen und Schüler das in den beiden Arbeitsblättern Erlernte direkt anwenden. Gerade die erste Teilfrage könnte als Ausgangspunkt für eine rege Gruppendiskussion genutzt werden. AB 2b

Nachdem die Lernenden im zweiten Arbeitsblatt ganz konkrete erste Reformen und ihren Ausgang kennengelernt haben, sollen die Schülerinnen und Schüler nun der Frage nachgehen: **Warum kommt es zur Krise der Republik?** Hierzu werden zwei Arbeitsblätter (**AB 3a und 3b**) präsentiert, die jeweils Textauszüge aus dem Werk von Sallust beinhalten. Diese beiden Arbeitsblätter sind derartig gestaltet, dass sie geradezu prädestiniert sind, dass nicht jede/r Schüler/in beide (Arbeitsblätter) bearbeitet, sondern die Lerngruppe aufgeteilt wird und der eine Teil AB 3a und der andere Teil AB 3b bearbeitet. Auf beiden Arbeitsblättern findet sich nämlich die zweite Aufgabe, die Schilderungen des eigenen AB mit jenen des (jeweils) anderen zu vergleichen. Hier wäre es gewinnbringend, wenn nicht jeder alles bearbeitet. So können sich nämlich immer je zwei Schülerinnen und Schüler zusammensetzen und sich gegenseitig die Ergebnisse ihres eigenen Textes vorstellen. Leitfrage + AB 3a – b

Um das Kennenlernen einer sehr bedeutsamen Reform handelt **AB 4**. Die Heeresreform des Marius sollte zum einen das römische Heer stark und zum anderen das Verhältnis zwischen AB 4

Feldherren und Soldaten grundlegend verändern – ein Faktum, das von Männern wie Sulla, Pompeius oder Caesar später ausgenutzt worden ist.

Die Leitfrage kann dazu zunächst außen vor gelassen werden und erst später genannt werden, denn es erscheint sinnvoll, dass die Schülerinnen und Schüler zunächst die Inhalte der Reform herausarbeiten und dies mit dem Zustand des Heeres vor der Reform von Marius vergleichen. Dies kann in Partnerarbeit genauso gut wie in Einzelarbeit erfolgen. In der zweiten Aufgabe sollen die Schülerinnen und Schüler analysieren, inwiefern die Reformen

Leitfrage

positive wie auch negative Folgen haben konnten. Hier kommt die Leitfrage **Die Heeresreform des Marius – Segen oder Fluch?** ins Spiel. Die Schülerinnen und Schüler sollen nämlich durch Zuhilfenahme des Zusatzmaterials, aber auch gerne unter Zuhilfenahme weiterer Medien (z.B. Lehrbuch, Internet), überlegen, welche Konsequenzen eine derartige Umänderung des Heeres hatte. Wichtig ist, dass am Ende das Ergebnis steht, dass die Reformen einerseits Roms Heer deutlich verbessert haben, aber andererseits dadurch das Militär so verändert worden ist, dass der Feldherr mitsamt seinen Soldaten eine gewichtige politische Rolle spielte, die auch mehrfach bewusst ausgenutzt worden ist.

Zu guter Letzt soll ein Konflikt betrachtet werden, der durchaus existenziell für Rom war,

AB 5a–b
Leitfrage

nämlich der Bundesgenossenkrieg (**AB 5a und b**). Die Leitfrage lautet deshalb auch: **Der Bundesgenossenkrieg – Roms Macht in Gefahr?** Hierzu sollen die Schülerinnen und Schüler sich in AB 5a zunächst mit den Ursachen und Maßnahmen der Bundesgenossen auseinandersetzen, ehe sie in AB 5b die Reaktionen aus Rom genauer untersuchen, um somit am Ende eine fundierte Meinung darüber zu haben, wie gefährlich dieser Konflikt, ja eigentlich Krieg, für den römischen Staat war.

Sofern nicht bekannt, sollte vorab durch einen kurzen Lehrervortrag vorgestellt werden, was eigentlich die Bundesgenossen waren und welche Rolle sie für die Römer bis zum Zeitpunkt des Konflikts gespielt haben. Dadurch wird die Tragweite des Krieges besser erfasst. Die Aufgaben selbst können auf beiden Arbeitsblättern variabel entweder in Einzel- oder in Partner- oder Gruppenarbeit gelöst werden. Für beide Aufgaben 3 empfiehlt sich jedoch eine Diskussion im Plenum.

Rom nach den Punischen Kriegen – Wer kämpft um die Macht?

Marcus Tullius Cicero (106-43 v. Chr.), einer der bedeutendsten und für viele sogar der Redner seiner Zeit und römischer Politiker, geht im Zuge einer Gerichtsrede für den angeklagten Publius Sestius auf die Partei der Optimaten ein und beschreibt diese (Cic. Sest. 96-98).

Beschreibung der Partei der Optimaten durch den Redner und Politiker Marcus Tullius Cicero (106 – 43 v. Chr.) im Zuge einer Gerichtsrede (Cic. Sest. 96 – 98)

(96) [...] Schon immer gab es in diesem Staate zwei Arten von Männern, die bemüht waren, sich der Politik zu widmen und sich darin auszuzeichnen. Von diesen wollten die einen für >Populare<, die anderen für >Optimaten< gehalten werden und danach handeln. Diejenigen, die durch ihre Worte und Taten der Menge gefallen wollten, wurden Populare genannt, diejenigen hingegen, die sich so verhielten, dass ihre Pläne von den jeweils Besten gebilligt wurden, wurden als Optimaten angesehen. (97) Wer ist das nun: der jeweils Beste? Wenn du nach der Anzahl fragst, dann unzählige, sonst könnten wir nicht bestehen; es sind die führenden Männer im Senat und solche, die sich ihnen anschließen, die Angehörigen der höchsten Stände, denen die Kurie[1] offensteht; es sind die Römer aus Stadt und Land, es sind Geschäftsleute, sogar Freigelassene sind Optimaten. Ihre Zahl ist, wie gesagt, über weite Gebiete und über unterschiedliche Schichten verbreitet; aber, um jeden Irrtum auszuschließen, man kann ihre Art kurz gesagt wie folgt beschreiben und definieren: Optimaten sind alle diejenigen, die weder Schaden anrichten noch bösartig veranlagt, noch verrückt, noch durch häusliche Miseren behindert sind. Daraus ergibt sich, dass es diejenigen sind, welche du als „Nation" bezeichnet hast, die sowohl unbescholten als auch bei Verstand und in häuslichen Angelegenheiten wohl situiert sind. Diejenigen, die bei der Lenkung des Staates dem Willen, den Interessen und Erwartungen dieser Leute dienen, sind Vorkämpfer der Optimaten und gelten selbst als die ernsthaftesten Optimaten, als die angesehensten Bürger und die ersten im Staate.

(98) Was ist freilich von diesen Lenkern des Staates das Ziel, das sie sehen und wohin sie ihren Kurs hinlenken müssen? Das, was am vortrefflichsten und am meisten wünschenswert für alle Gesunden, Tüchtigen und Begüterten ist, ist die Muße mit Würde. Diejenigen, die dies wollen, werden alle für Optimaten gehalten; diejenigen, die dies bewirken, werden für die höchsten Männer und Bewahrer des Staates gehalten. Denn nicht ziemt es sich, dass die Menschen durch das Ansehen der Taten so übermütig werden, dass sie nicht für die Ruhe sorgen, und auch nicht auf irgendeine Ruhe, die mit der Würde im Widerspruch steht, Wert legen. Dies sind aber die Grundlagen der müßigen Würde, dies die Bestandteile, die von den Führenden bedacht werden und auch unter Lebensgefahr verteidigt werden müssen: der Götterkult, die Vogelschauen, die Amtsgewalt der Magistrate, die Autorität des Senats, die Gesetze, die Sitten der Vorfahren, die Gerichte, die Rechtsprechung, die Eide, die Provinzen, die Bundesgenossen, die Anerkennung der Befehlsgewalt, das Kriegswesen, die Staatskasse.

Übersetzungen von Kapitel 96 – 97 aus: Ingemar König: Der römische Staat – ein Handbuch, Stuttgart: Reclam, 2007, S. 91 – 92
Übersetzung von Kapitel 98: Andreas Sanfilippo, basierend auf dem lateinischen Text aus https://www.thelatinlibrary.com/cicero/sestio.shtml [07.10.2020]

1. Arbeiten Sie aus dem Text heraus, welche Gruppierungen in Rom um die Macht kämpfen und wie dabei die Partei der Optimaten charakterisiert wird (Ziele, Mitglieder...).
2. Diskutieren Sie, inwiefern eine Regierung der Optimaten zu ernsthaften politischen Krisen führen kann.

[1] Kurie: Geschlechterverband

Best.-Nr. 024752

Rom nach den Punischen Kriegen – Wer kämpft um die Macht?

1. Arbeiten Sie aus dem Text heraus, welche Gruppierungen in Rom um die Macht kämpfen und wie dabei die Partei der Optimaten charakterisiert wird (Ziele, Mitglieder...).
   - Im Staat gibt es zwei Gruppierungen, nämlich die Popularen und die Optimaten.
   - Die Popularen streben danach, dem Volk politisch zu gefallen, die Optimaten dagegen wollen Politik für die Besten machen.
   - Zu den Optimaten zählen führende Senatoren, genauso wie Anhänger der Oberschicht, Geschäftsleute und Freigelassene.
   - Zudem stammen Anhänger der Optimaten aus Stadt und Land.
   - Optimaten sind all jene, die dem Staat nicht schaden und keine schlechte Veranlagung haben.
   - Ziel der Politik der Optimaten ist das Erreichen der Ruhe mit Würde.
   - Dieses Ziel kann nur erreicht werden, wenn folgende Dinge von den Optimaten bedacht und geschützt werden: „der Götterkult, die Vogelschauen, die Amtsgewalt der Magistrate, die Autorität des Senats, die Gesetze, die Sitten der Vorfahren, die Gerichte, die Rechtsprechung, die Eide, die Provinzen, die Bundesgenossen, die Anerkennung der Befehlsgewalt, das Kriegswesen, die Staatskasse".

2. Diskutieren Sie, inwiefern eine Regierung der Optimaten zu ernsthaften politischen Krisen führen kann.
   Nach der Definition von Cicero wollen die Optimaten den Besten im Staat gefallen, was im Gegensatz zu den Popularen bedeutet, dass man sich dabei primär nicht an der Masse des Volkes orientiert. Somit ist es nur allzu wahrscheinlich, dass optimatische Politik oft nicht dem Volk gefällt. Mit unpopulären Maßnahmen können Unruhen entstehen und es könnte nicht nach guten Lösungen für die breite Masse gesucht, sondern nur auf Beschlüsse abgezielt werden, durch die die Gruppe der Optimaten profitiert.

Best.-Nr. 024752

Die Gracchen – Wer ist stärker: Die Volkstribunen oder der Senat?

Der griechische Schriftsteller Plutarch (ca. 45 – ca. 125 n. Chr.) schrieb eine Vielzahl an Biografien. Während viel von seinen Kaiserviten verloren gegangen ist, sind die meisten Bücher der βίοι παράλληλοι (z. dt. Parallele Leben) erhalten geblieben. In diesen Büchern stellt er jeweils einen berühmten Römer einem ebenfalls berühmten Griechen gegenüber, deren Leben Parallelen aufweisen. In einer dieser Biografien schildert Plutarch auch das Leben von Tiberius Gracchus. Über diesen heißt es u. a. das Folgende (Plut. Tib. Gracch. 8–9.14):

Über Tiberius Gracchus (Plut. Tib. Gracch. 8–9.14)

8. … Als nun Tiberius zum Volkstribun gewählt wurde, nahm er sofort diesen Plan[1] wieder in Angriff […]. Sein Bruder Gaius aber schreibt in einer Schrift: „Als Tiberius auf seiner Reise nach Numantia durch Etrurien kam und die Öde des Landes sah, als er beobachtete, dass alle Feldarbeiter und Hirten fremde, kriegsgefangene Sklaven waren, da tauchte zuerst der Plan in ihm auf", der ihm und seinem Bruder tausend Leiden bringen sollte. Am meisten aber stachelte das Volk seinen Ehrgeiz und seinen Unternehmungsgeist an. Durch Inschriften an öffentlichen Gebäuden, an Hausnummern und Denkmälern forderte es ihn auf, der armen Bevölkerung den Staatsgrund zurückzugeben.

9. Freilich entwarf Tiberius den Gesetzesvorschlag nicht allein, sondern zog würdige, angesehene Männer Roms zu Rate, darunter den Pontifex Maximus Crassus, den Rechtsgelehrten Mucius Scaevola, der damals Konsul war, und Appius Claudius, seinen Schwiegervater. Und in der Tat ist wohl niemals ein milderes und gemäßigteres Gesetz gegen ein solches Übermaß von Unrecht und Habgier ergangen. Es verlangte von denen, die von Rechts wegen für ihren Ungehorsam hätten bestraft werden und nur gegen eine Geldbuße die so lange widerrechtlich bebauten Felder hätten herausgeben müssen, nichts weiter, als dass sie ihren unrechtmäßigen Besitz an die hilfsbedürftigen Bürger abtreten und dafür noch eine Entschädigung bekommen sollten … Die Reichen und Besitzenden aber hassten das Gesetz aus Habgier, den Urheber aus Zorn und Ehrgeiz. So versuchten sie das Volk von seiner früheren Zustimmung abzubringen unter dem Vorgeben, die Neuaufteilung des Landes sei für Tiberius nur ein Vorwand, die alte Verfassung umzustürzen und eine allgemeine Revolution herbeizuführen. Doch erreichten sie damit nichts. Denn Tiberius verfocht eine gute und gerechte Sache mit einer Beredsamkeit, die auch eine geringere Sache hätte adeln können. Er war als Gegner gefährlich, ja, unüberwindlich, wenn er, umlagert vom Volk, auf seiner Rednerbühne stand und von den Besitzlosen sprach […].

14. Da starb Attalos Philometor [von Pergamon], und Eudemos kam aus Pergamon nach Rom mit dem Testament, in dem das römische Volk zum Erben seines Reiches eingesetzt war. Sofort brachte Tiberius dem Volk zu Gefallen ein Gesetz ein, die königlichen Schätze sollten nach Rom geschafft und dort denjenigen Bürgern, die ein Landlos erhalten hatten, zum ersten Anbau und zur Anschaffung der nötigen Ackergeräte dienen. Über diese Städte aber, die zu Attalos' Reich gehörten, hätte nicht der Senat zu verfügen; er selbst werde in der Sache dem Volke einen Vorschlag machen. Dies war eine schwere Beleidigung für den Senat. Der Senator Pompeius stand auf und erklärte, er habe als Tiberius' Nachbar gesehen, wie Eudemos von Pergamon ihm als dem zukünftigen König von Rom ein königliches Diadem und einen Purpurmantel überreichte …

Wolfram Ax: Geschichte in Quellen. Band I: Altertum, hrsg. von Wolfgang Lautemann und Manfred Schlenke, München: Bayerischer Schulbuchverlag, 1965, S. 471f. (Nr. 432)

1. Fassen Sie in eigenen Worten zusammen, was die Beweggründe für die Reformen des Tiberius Gracchus waren und was diese im Kern aussagten.

2. Erarbeiten Sie, aus welchen Kreisen Tiberius Gracchus Widerstand erfuhr und mit welchen Mitteln seine Gegner gegen ihn vorgegangen sind.

[1] zur Beseitigung der sozialen Missstände

Die Gracchen – Wer ist stärker: Die Volkstribunen oder der Senat?

1. Fassen Sie in eigenen Worten zusammen, was die Beweggründe für die Reformen des Tiberius Gracchus waren und was diese im Kern aussagten.

- Beweggründe: Beobachtung des Tiberius Gracchus, dass auf dem Land die Feldarbeiter und Hirten nicht aus der einheimischen Bevölkerung stammen, sondern es sich dabei um Sklaven (aus dem Ausland) handelt.
  Außerdem fordert das Volk von Tiberius Gracchus, sich um die Rückgabe des Staatslandes an sie zu kümmern.
- Kern der Reform: Die Großgrundbesitzer sollen die übergroßen Landstücke wieder zurückgeben, wobei sie eine Entschädigungszahlung erhalten.

2. Erarbeiten Sie, aus welchen Kreisen Tiberius Gracchus Widerstand erfuhr und mit welchen Mitteln seine Gegner gegen ihn vorgegangen sind.

- Widerstand kam von Reichen und Besitzenden auf, gegen die sich die Reform richtet. Sie streuten (falsche) Gerüchte, z. B. dass Tiberius Gracchus durch die Reform die alte Staatsordnung beseitigen und eine Revolution einleiten wollen.
- Ganz explizit bekam er auch Widerstand aus den Reihen der Senatoren. Mit seinem Vorschlag bzgl. des Erbes des Attalos Philometor stieß Tiberius Gracchus nämlich den Senat vor den Kopf. So kam es, dass einer der Senatoren behauptete, Tiberius Gracchus strebe nach der Königsherrschaft. Er habe nämlich gesehen, wie ihm die Königswürde von Eudemos von Pergamon angetragen worden sei.

Best.-Nr. 024752

Die Gracchen – Wer ist stärker: Die Volkstribunen oder der Senat?

Die Reformen und das Ende von Gaius Gracchus

123 – 122 v. Chr. Gaius Sempronius Gracchus, der jüngere Bruder des Tiberius, nimmt als Volkstribun dessen Politik mit einem umfassenden Reformprogramm wieder auf. Die Gesetzesanträge, teilweise von Kollegen des Gaius Gracchus eingebracht, zielen auf eine politische und juristische Absicherung der „popularen" Maßnahmen; sie lassen sich in drei Hauptgruppen einteilen:

1) Verfahrensgesetze, die auf das Schicksal des Tiberius Gracchus reagieren [...]: u. a. eine lex de capite civis, die Sondergerichte wie die von 132 verbietet, soweit sie nicht durch Volksbeschluss eingerichtet werden; [...]

2) Sozialgesetze: Durch ein Ackergesetz greift Gaius Gracchus die Agrarreform seines Bruders auf und stattet wahrscheinlich die Landverteilungskommission erneut mit umfassenden Vollmachten aus; in den Zusammenhang der Agrarreform gehören wohl auch mehrere Gesetze über die Gründung von Kolonien [...]; durch ein Getreidegesetz (lex frumentaria) soll die kontinuierliche Getreideversorgung der Plebs zu einem festen Preis gesichert werden; diesem Zweck dient auch die Errichtung von Getreidemagazinen und vielleicht die Förderung des Straßenbaus; eine lex militaris verbietet, Jugendliche unter 17 Jahren zum Kriegsdienst heranzuziehen; den Soldaten wird ihre Kleidung künftig ohne Soldabzug vom Staat gestellt.

3) Gesetze, die das Verhältnis Roms zu den Latinern, Bundesgenossen und Provinzialen regeln: [...] um eine wirksame Kontrolle der Statthalter zu ermöglichen, sollen künftig in Repetundengerichten Ritter statt Senatoren Richter sein und die Verfahren transparenter sein; durch ein Gesetz über die konsularischen Provinzen wird bestimmt, dass künftig die Amtsbereiche (>>Provinzen<<) der Konsuln vor deren Wahl festgelegt werden sollen; [...]

Gaius Gracchus greift mit seinen Gesetzen, die [...] unverkennbar gegen den Senat gerichtet sind, zugleich einige neuralgische Probleme des politischen und sozialen Systems auf. [...] Als er, für 122 wiedergewählt, im zweiten Amtsjahr nach Iunonia geht, um die Gründung der Kolonie vorzubereiten, beantragt der Tribun Marcus Livius Drusus [...] im Auftrag des Senats die – in der Sache völlig unrealistische – Gründung von zwölf Kolonien in Italien, um Gaius Gracchus in der Gunst des Volkes auszustechen. [...] Bei der Tribunenwahl für 121 unterliegt Gaius Gracchus. Dass die antigracchische Mehrheit im Senat den Konflikt damit nicht für entschärft hält, sondern auf die politische und am Ende auch physische Vernichtung ihres Gegners zielt, zeigt, wie tief sich die Gegensätze bereits eingefressen haben.

121 v. Chr. Bei dem Versuch des Senats, die Kolonie Iunonia aufzuheben, kommt es zum Tumult. Gaius Gracchus, Marcus Fulvius Flaccus und ihre Anhänger besetzen den Aventin [...]. Der Senat ruft erstmals den >>Ausnahmezustand<< aus [...], der den Konsuln unbegrenzte Gewalt einräumt [...]. Erstmals werden kretische Bogenschützen und damit Militär in einem innenpolitischen Konflikt eingesetzt. Gracchus kann noch über den Tiber entkommen, lässt sich dann aber von einem Sklaven töten; sein Leichnam und der des Flaccus werden geschändet. 3000 seiner Anhänger werden ohne Verfahren hingerichtet.

Der Große Ploetz, Freiburg: Vandenhoeck & Ruprecht, ^{35}2008, S. 243 – 244

1. Stellen Sie in einem Cluster die Reformen des Gaius Gracchus dar.
2. Erarbeiten Sie, aus welchen Kreisen Gaius Gracchus Widerstand erfuhr und mit welchen Mitteln seine Gegner gegen ihn vorgegangen sind.
3. Beurteilen Sie (auch AB 2 a beachtend), inwiefern es Volkstribunen möglich war, politische Reformen durchzusetzen, die sich gegen den Senat richteten, und beantworten Sie die Frage, ob Senat oder Volkstribunen stärker waren.

Best.-Nr. 024752

Die Gracchen – Wer ist stärker: Die Volkstribunen oder der Senat?

1. Stellen Sie in einem Cluster die Reformen des Gaius Gracchus dar.

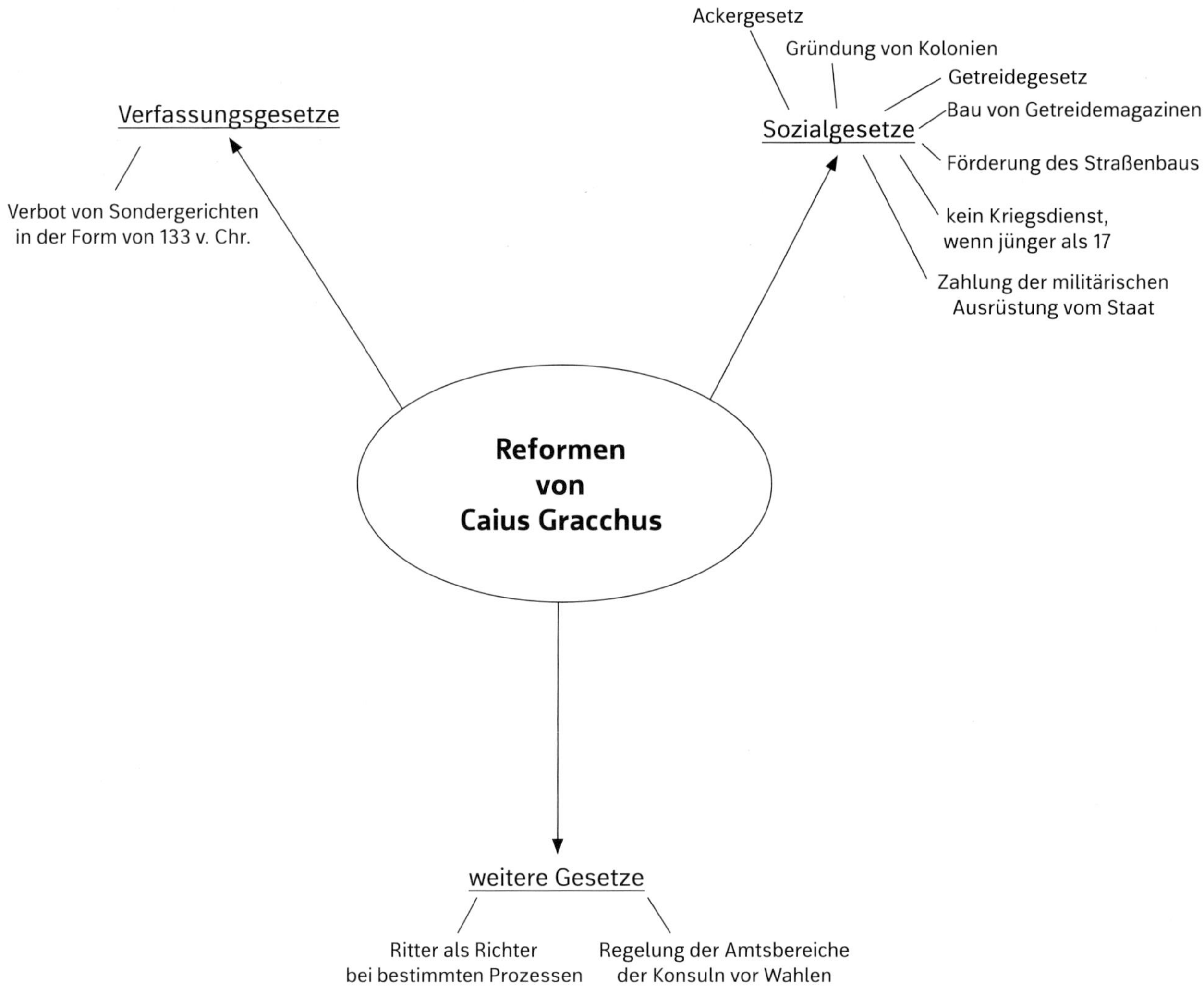

2. Erarbeiten Sie, aus welchen Kreisen Gaius Gracchus Widerstand erfuhr und mit welchen Mitteln seine Gegner gegen ihn vorgegangen sind.

- Gaius Gracchus erfuhr vor allen Dingen aus den Reihen des Senates Widerstand.
- Dieser schickte Livius Drusus ins Rennen, um eine 3. Amtszeit von Gaius Gracchus als Volkstribun zu verhindern, wobei Drusus (bewusst) unrealistische Versprechungen machte.
- Zugleich wurden nach dem Ende des Volkstribunates von Gaius Gracchus Reformen zurückgenommen.

3. Beurteilen Sie (auch AB 2 a beachtend), inwiefern es Volkstribunen möglich war, politische Reformen durchzusetzen, die sich gegen den Senat richteten, und beantworten Sie die Frage, ob Senat oder Volkstribunen stärker waren.

individuelle Schülerlösungen, z. B.:

Solange das Volk hinter den Volkstribunen stand, war es prinzipiell möglich, gegen den Senat zu handeln, da Volkstribune und Volk in Zusammenarbeit Gesetze gegen den Senat ausarbeiten konnten. Allerdings endete eine solche Politik oft fatal für diejenigen Volkstribunen, die sie betrieben. Nicht nur wurde im Falle eines Falles die Sakrosanktheit der Person des Volkstribunen missachtet, Gegner des Senates mussten vor allen Dingen eine verfehlte Wiederwahl fürchten, weil sie dann zur Zielscheibe des Senates werden konnten (sie konnten angeklagt oder getötet werden).

Zudem zeigt das Beispiel der Gracchen, dass letztlich der Senat am längeren Hebel saß.

Best.-Nr. 024752

Warum kommt es zur Krise der Republik? – ein Blick auf Sallust (I)

Gaius Sallust(ius) Crispus (85 – 35/4 v. Chr.) zog sich nach der Ermordung Caesars 44 v. Chr. aus der Politik zurück und widmete sich der Schriftstellerei. In seinem Werk zur Catilinarischen Verschwörung äußert er sich dazu, warum seiner Meinung nach der römische Staat nach der Zerstörung Karthagos von so vielen Krisen erschüttert wurde.

(10) Indes, als der Staat durch Anstrengung und Gerechtigkeit gewachsen, gewaltige Könige im Kriege bezwungen, wilde Stämme und ungeheure Völker mit Gewalt unterworfen waren, Karthago, die Rivalin des Römischen Reiches, von Grund auf vernichtet worden war, alle Meere und Länder offenstanden, da begann die Schicksalsgöttin zu wüten und alles durcheinanderzubringen. Leute, die Strapazen, Gefahren, unentschiedene und harte Lagen leicht ertragen hatten, denen wurde die Muße und der Reichtum, sonst wünschenswerte Dinge, zur Last und zum Unglück. Und so wuchs zunächst die Gier nach Geld, dann die nach der Herrschaft; das war gleichsam der Brennstoff für alles Übel. Denn die Habgier untergrub die Verlässlichkeit, die Rechtschaffenheit und die anderen guten Eigenschaften; statt ihrer lehrte sie Überhebung, Grausamkeit, die Götter zu vernachlässigen, alles feil zu haben. Der Ehrgeiz zwang viele Menschen, falsch zu werden, anderes verschlossen im Herzen als auf der Zunge bereitzuhalten, Freundschaften und Feindschaften nicht nach wirklichem Wert, sondern nach dem Vorteil einzuschätzen, mehr eine anständige Miene als eine anständige Art zu haben. Dies wuchs zunächst allmählich, wurde bisweilen gestraft; darauf, als die Ansteckung wie eine Pest einbrach, änderte sich der Staat, die Herrschaft wurde aus der gerechtesten und besten zu einer grausamen und unerträglichen.
(11) Indes plagte zunächst in höherem Grade als die Habsucht der Ehrgeiz die Herzen der Menschen, ein Fehler, der doch wertvoller Art noch näher steht. Denn Ruhm, Ehre, herrschende Stellung wünschen sich der Tüchtige und der Untaugliche in gleicher Weise; aber der erste strebt dahin auf dem richtigen Pfade; weil dem letzten die tüchtigen Gaben fehlen, sucht er mit List und Betrug dahinzugelangen. Die Habsucht eifert nach Geld, wonach es noch keinen Weisen gelüstet hat; wie mit bösen Giften getränkt, macht sie den Sinn des Mannes weibisch, ist immer ohne Maß und unersättlich, und weder durch Fülle noch durch Mangel wird sie gemindert.

Gaius Sallustius Crispus: De coniuratione Catilinae. Die Verschwörung des Catilina. Lateinisch/Deutsch, übersetzt und herausgegeben von Karl Büchner, Stuttgart: Reclam, 1972, S. 17. 19

1. Untersuchen Sie, wie es nach Ansicht von Sallust zum Niedergang römischen Gesellschaft nach der Zerstörung Karthagos (146 v. Chr.) kam und welche Kennzeichen die Römer im Zuge dieses Niederganges angenommen haben.
2. Vergleichen Sie diese Schilderung mit jener in AB 3b.

Warum kommt es zur Krise der Republik? – ein Blick auf Sallust (I)

1. Untersuchen Sie, wie es nach Ansicht von Sallust zum Niedergang der römischen Gesellschaft nach der Zerstörung Karthagos (146 v. Chr.) kam und welche Kennzeichen die Römer im Zuge dieses Niederganges angenommen haben.

- Nach dem Sieg über die auswärtigen Feinde hätten Muße und Reichtum die Menschen zum negativen verändert.
- Erst habe es die Gier nach Geld, dann jene nach Herrschaft gegeben.
- Die Habgier habe dabei die guten Eigenschaften (z. B. Verlässlichkeit und Rechtschaffenheit) überragt und zu Überheblichkeit und Grausamkeit geführt. Zudem seien die Götter vernachlässigt worden und Korruption habe sich breit gemacht.
- Auch der Ehrgeiz sei letztlich negativ, weil Menschen durch ihn „falsch" geworden seien und Freundschaften und Feindschaften nach dem persönlichen Nutzen bewerten würden.
- Der Ehrgeiz habe dann sogar die Habgier überragt. List und Betrug seien typische Kennzeichen der Zeit gewesen.
- Summa summarum hält Sallust fest, dass aus der „gerechtesten" und „besten" Herrschaft vor der Eroberung Karthagos die „grausamste" und „unerträglichste" Herrschaft geworden sei.

2. Vergleichen Sie diese Schilderung mit jener in AB 3 b.

Beide Darstellungen zeichnen ein sehr ähnliches Bild von der römischen Gesellschaft. Nach dem Sieg über die äußeren Feinde sei es bergab gegangen. Die vormals guten Eigenschaften seien verloren gegangen und durch andere, schlechte ersetzt worden. Beide Texte gleichen sich dahingehend, dass sie von der maßlosen Habsucht sprechen, die seit dem Sieg über Karthago in Rom Einzug gehalten habe. Ebenso sprechen beide Texte von Geldgier (im Grunde eine Form von Habsucht) und Reichtum.
Nichtsdestotrotz gibt es auch Unterschiede zwischen den beiden Texten: Der Text aus dem Iugurthinischen Krieg (AB 3 b) geht nämlich mehr auf die Unterschiede zwischen Nobilität/Oberschicht und Plebs ein, wohingegen die Textstelle Cat. 10 – 11 (AB 3 a) allgemeiner formuliert ist. So spricht Sallust in Iug. 41 dezidiert von der Armut und schlechten Situation der Bevölkerung und der ungeheuren Machtkonzentration der Oberen.

Best.-Nr. 024752

Warum kommt es zur Krise der Republik? – ein Blick auf Sallust (II)

Gaius Sallust(ius) Crispus (85 – 35/4 v. Chr.) zog sich nach der Ermordung Caesars 44 v. Chr. aus der Politik zurück und widmete sich der Schriftstellerei. In seinem Werk zum Krieg gegen den Numiderkönig Iugurtha äußert er sich dazu, warum seiner Meinung nach der römische Staat nach der Zerstörung Karthagos von so vielen Krisen erschüttert wird.

(41) Übrigens ist das Unwesen der Parteiungen und Cliquen und hernach aller schlimmen Praktiken wenige Jahre vorher in Rom entstanden in der Untätigkeit und dem Überfluss an all dem, was die Sterblichen für das Wichtigste halten. Denn vor der Zerstörung Karthagos behandelten das Volk und der römische Senat friedlich und maßvoll das Gemeinwesen; es gab unter den Bürgern keinen Wettstreit weder um Ruhm noch um Herrschaft: die Furcht vor dem Feind hielt die Bürgerschaft in guten Eigenschaften. Als aber jener Schrecken aus den Gemütern gewichen war, brach offenbar das ein, was Glück mit sich zu bringen pflegt: Ausgelassenheit und Hochmut. So war der Frieden, den sie in harten Zeiten ersehnt hatten, nachdem sie ihn erlangt hatten, rauher [sic!] und bitterer. Denn es begannen die Nobilität ihrer Stellung, das Volk seine Freiheit willkürlich auszuspielen, jeder zog, schleppte, raubte für sich. So wurde alles in zwei Teil auseinandergerissen, das Gemeinwesen, das in der Mitte gelegen hatte, wurde zerfetzt. Aber die Nobilität hatte durch ihre Cliquenbildung mehr Kraft, die Gewalt der Plebs, aufgelöst und zerstreut in der Menge, vermochte weniger: nach dem Belieben weniger wurde in Krieg und Frieden gehandelt; bei denselben Leuten waren die Staatskasse, die Provinzen, die Ämter, Ruhmestitel und Triumphe. Das Volk wurde von Kriegsdienst und Mangel bedrängt; Kriegsbeute plünderten die Feldherren mit wenigen: inzwischen wurden die Eltern und kleinen Kinder Soldaten, wie jeder gerade Nachbar eines Mächtigeren war, von ihren Höfen getrieben. So drang mit der Macht Habsucht ohne Maß und Bescheidenheit ein, besudelte und verwüstete alles, kannte nichts Wertvolles und Heiliges, bis sie sich selbst stürzte. Denn sobald sich aus der Nobilität Leute fanden, die wahren Ruhm ungerechter Macht vorzogen, begann die Bürgerschaft in Bewegung zu geraten und ein Bürgerzwist gleichwie das Chaos einer Sintflut zu entstehen.

Gaius Sallustius Crispus: Bellum Iugurthinum. Der Krieg mit Jugurtha. Lateinisch/Deutsch, übersetzt und herausgegeben von Karl Büchner, Stuttgart: Reclam, 1971, S. 77. 79

1. Beschreiben Sie die Veränderungen der Gesellschaft, die sich nach Sallust nach dem Sieg über Karthago ergeben haben.
2. Vergleichen Sie diese Schilderung mit jener in AB 3 a.

Warum kommt es zur Krise der Republik? – ein Blick auf Sallust (II)

1. Beschreiben Sie die Veränderungen der Gesellschaft, die sich nach Sallust nach dem Sieg über Karthago ergeben haben.

- Parteiungen seien entstanden, die Sallust als „Unwesen“ kennzeichnet.
- gute Eigenschaften seien verlustig gegangen, z. B. maßvolles und friedliches Handeln untereinander;
- stattdessen seien Untätigkeit und Überfluss entstanden.
- Weiterhin seien Ausgelassenheit und Hochmut Kennzeichen der Gesellschaft geworden.
- Die Oberschicht habe ihre Stellung und das Volk ihre Freiheit ausgenutzt, z. B. in Form von Raubzügen, doch schon bald habe sich gezeigt, dass die Nobilität stärker als die Plebs sei.
- So würden nur wenige alles im Staat bestimmen, z. B. Entscheidung über Krieg und Frieden.
- Zugleich habe sich eine deutliche Schere zwischen der Nobilität und der Plebs gebildet: Die Nobilität habe die hohen Ränge und höchsten Würden eingenommen, das Volk dagegen hätte Kriegsdienst leisten und Mangel (z. B. Vertreibung von Höfen) leiden müssen.
- Zudem hätten Feldherren ihre Beutezüge nur mit wenigen unternommen.
- Generell stellt Sallust fest, habe sich Habsucht ohne Grenzen herausgebildet und innerhalb des Staates sei es nicht selten zu „Bürgerzwist“ gekommen.

2. Vergleichen Sie diese Schilderung mit jener in AB 3 a.

Beide Darstellungen zeichnen ein sehr ähnliches Bild von der römischen Gesellschaft. Nach dem Sieg über die äußeren Feinde sei es bergab gegangen. Die vormals guten Eigenschaften seien verloren gegangen und durch andere, schlechte ersetzt worden. Beide Texte gleichen sich dahingehend, dass sie von der maßlosen Habsucht sprechen, die seit dem Sieg über Karthago in Rom Einzug gehalten habe. Ebenso sprechen beide Texte von Geldgier (im Grunde eine Form von Habsucht) und Reichtum.
Nichtsdestotrotz gibt es auch Unterschiede zwischen den beiden Texten: Der Text aus dem Iugurthinischen Krieg (AB 3 b) geht nämlich mehr auf die Unterschiede zwischen Nobilität/Oberschicht und Plebs ein, wohingegen die Textstelle Cat. 10 – 11 (AB 3 a) allgemeiner formuliert ist. So spricht Sallust in Iug. 41 dezidiert von der Armut und schlechten Situation der Bevölkerung und der ungeheuren Machtkonzentration der Oberen.

Best.-Nr. 024752

Die Heeresreform des Marius – Segen oder Fluch?

M1 Ausgangslage und Reformen

Roms territoriale Expansion und Machtsicherung im 3. und 2. Jhdt. v. Chr. stützte sich in erster Linie auf die Stärke der römischen Armee. Diese war zur damaligen Zeit ein Milizheer[1]. Jeder männliche Bürger zwischen 17 und 45 Jahren musste nämlich Kriegsdienst leisten, wenn er über ein bestimmtes Mindestvermögen verfügte. Da jeder Soldat seine Ausrüstung selbst bezahlen musste, wurde die Hierarchie innerhalb des Heeres durch das Vermögen definiert: Während die Reichen als Reiter und Heerführer in Erscheinung traten, konnten sich die finanzschwächeren Männer nur eine leichte Ausrüstung leisten, weshalb sie Fußsoldaten waren.

Lange Zeit konnte Rom mit diesem System große Erfolge feiern, doch mit zunehmender Expansion des Machtbereichs und steigender Zahl von Kriegen wuchsen die Probleme: Die meisten Soldaten waren nämlich Bauern, die während der Feldzüge nicht ihre Äcker bestellen und ernten konnten. Trotz Erfolgen und Kriegsbeute führte das häufige Fernbleiben vom eigenen Hof für diese Bauern oft zur Verarmung. So wuchs nach und nach die Unzufriedenheit in der Bevölkerung. Diese ging sogar so weit, dass der Sinn der Kriegszüge in Frage gestellt wurde, da diese weit entfernt von der eigenen Heimat geführt wurden.

Neben dem steigenden Umut in der Bevölkerung gab es noch ein weiteres Problem mit dem Heer: Es gab keine Berufssoldaten oder anders gesagt: Die Männer waren nur so lange Soldaten, wie der Feldzug dauerte. Demzufolge wurden die Männer nicht systematisch und permanent z. B. im (Schwert-)Kampf trainiert, weshalb gerade zu Beginn von Feldzügen nicht selten Niederlagen hingenommen werden mussten.

Besonders prekär wurde die Lage am Ende des zweiten vorchristlichen Jahrhunderts. 113 v. Chr. begann der Krieg gegen die Kimbern und Teutonen im Norden des Reiches. Durch die römische Niederlage in der Schlacht bei Noreia (113 v. Chr.) drohte fortan die Gefahr eines Einfalls der Germanen in das römische Staatsgebiet. Dazu kam es 105 v. Chr. tatsächlich: Nach der vernichtenden Niederlage der Römer bei Arausio fielen Kimbern und Teutonen in die römische Provinz Gallia Narbonensis ein. Dies war allerdings nicht der einzige Brennpunkt: Seit 111 v. Chr. führten die Römer nämlich Krieg gegen den Numiderkönig Iugurtha in Nordafrika und auch dort konnten römischen Truppen zunächst keine Erfolge feiern.

In dieser brenzligen Situation sollte Gaius Marius die Wende für die Römer bringen. Als Konsul der Jahre 107 v. Chr. sowie 104 – 100 v. Chr. war er zugleich Heerführer. In dieser Zeit veränderte er das Heer tiefgreifend. Man spricht deshalb von der „Marianischen Heeresreform" oder der „Heeresreform des Marius", wenngleich man historisch nicht sicher sagen kann, was alles direkt auf Marius zurückgeht.

Was änderte sich aber in dieser Zeit? Zunächst einmal wurden die Kampfeinheiten verändert: Während vor Marius eine Legion aus 30 Manipeln von je ca. 160 Mann bestand und diese Manipel sich zu oft als zu kleine Einheiten erwiesen, wurden von Marius die 30 Manipel zu 10 Kohorten zu je ca. 480 Mann zusammengefasst[2]. Darüber hinaus wurde aus dem Milizheer ein Berufsheer: Zum einen gestattete Marius Freiwilligen (z. B. Mittellosen, Armen) den Eintritt in das römische Heer, zum anderen verpflichteten sich alle Soldaten zu einer Dienstzeit von 16 Jahren (später 20 Jahren). Im Gegenzug dazu erhielten die Soldaten auf Kosten des Staates ihre Ausrüstung, wobei die Bewaffnung angeglichen wurde, und nach Ablauf der Dienstzeit bekam jeder Veteran ein Landgut aus dem *ager publicus*[3]. Die Soldaten wurden fortan systematisch ausgebildet und mussten neuerdings das Marschgepäck selbst tragen. Zur Stärkung der Identifikation mit der Legion wurde darüber hinaus der Legionsadler als Feldzeichen eingeführt.

Alles in allem verfehlten die Reformen ihren Zweck nicht: Unter dem Oberbefehl des Marius konnte der Krieg gegen Iugurtha bis 105 v. Chr. erfolgreich zu Ende geführt werden. Darüber hinaus wurden 102 v. Chr. in der Schlacht von Aquae Sextiae die Teutonen und 101 v. Chr. in der Schlacht von Vercellae die Kimbern vernichtend besiegt.

Autorentext

[1] Heeresform, bei denen die Soldaten (hauptsächlich) erst im Kriegsfall aufgestellt werden
[2] Eine Legion bestand somit im Übrigen aus ca. 4800 Soldaten.
[3] Land, das in Besitz des Staates war

Best.-Nr. 024752

Die Heeresreform des Marius – Segen oder Fluch?

M2 Gefahren aufgrund der Heeresreform

a) aus einem Schulbuch

Die militärische Macht des Feldherrn, von dem der Senat in Kriegszeiten abhängig war, musste den Optimaten dann gefährlich werden, wenn sich die Interessen von Senat und Heerführer nicht deckten. Die Landgüter für die Veteranen gefährdeten auch die wirtschaftlichen Belange der Großgrundbesitzer, die das für die Veteranen vorgesehene Staatsland für sich beanspruchten. Der übermächtige Militärbefehlshaber bedrohte ihre politische Vormachtstellung.

Zeiten und Menschen 1, Paderborn: Schöningh, 1976, S. 49.

b) eine weitere Stimme

Eine Neuheit war, dass Legionäre nach ihrer Dienstzeit ein Stück Land aus dem Staatsacker, dem *ager publicus*, erhielten. Dieses Land wurde ihnen nicht durch den Senat, sondern durch den Feldherren gegeben, wodurch die Verbundenheit zwischen den Legionären und dem Befehlshaber stieg, wohingegen die Verbundenheit mit dem Staat und dem Senat sank. Dies führte dazu, dass die Feldherren immer mächtiger wurden, während sich die Macht des Senates immer weiter verringerte. Letztlich wurden die Feldherren zu den wahren Machthabern im Staate. Dies zeigte sich erstmals in aller Deutlichkeit 88 v. Chr., als Lucius Cornelius Sulla es wagte, mit Soldaten gegen Rom zu marschieren. Es sollte nicht der einzige Bürgerkrieg am Ende der römischen Republik bleiben.

Autorentext

Gaius Marius (158/7 – 86 v. Chr.) wurde in der Nähe von Arpinum, rund 100 km südlich von Rom, geboren. Seine Karriere begann er als Ritter im Militär. Die politische Bühne betrat er spätestens im Jahre 119 als Volkstribun. In dieser Zeit machte er sich bei vielen Optimaten aufgrund seiner politischen Handlungen unbeliebt. 115 v. Chr. war er Prätor und anschließend als Proprätor in der Provinz Hispania ulterior tätig. Durch die Hochzeit mit einer gewissen Iulia wurde er zum Onkel von Gaius Iulius Caesar.
Im Jahr 107 v. Chr. wurde Marius zum ersten Mal Konsul (und das als homo novus, also als jemand, dessen Familie zuvor noch nicht das Konsulatsamt bekleidet hatte) und ging als Oberbefehlshaber gegen König Iugurtha in Numidien vor. In dieser Zeit soll die „marianische Heeresreform" begonnen haben, die weitreichende Folgen für die Zukunft haben sollte, wenngleich nicht klar ist, welche Veränderungen von Marius selbst veranlasst worden sind. Wie dem auch sei: Nach dem siegreichen Abschluss des Krieges gegen Iugurtha führte er die römischen Truppen im Konflikt gegen die Kimbern, Teutonen und Ambronen an, die Rom empfindliche Niederlagen beigebracht hatten und nun von Marius erfolgreich bekämpft wurden. In dieser Zeit war er von 104 – 100 durchgehend Konsul – ein Umstand, der eigentlich illegal war.
Nach seinem Rückzug aus der Politik im Jahre 99 v. Chr. war er kurzzeitig im Exil in Kleinasien. Im Bundesgenossenkrieg (91 – 88 v. Chr.) trat Marius wieder als Feldherr in Erscheinung.
88 v. Chr. kam es zum Konflikt mit Sulla, als es um den Oberbefehl beim Kriegszug gegen Mithridates VI. ging. Zunächst musste Marius aus Rom fliehen, doch konnte er nach Sullas Abreise zurückkehren und für das Jahr 86 das Konsulat erringen. Sein siebtes Konsulat sollte er jedoch nur 13 Tage ausführen können, denn am 13.01.86 verstarb er.

1. Legen Sie eine Tabelle an, in der Sie mithilfe von M1 das römische Heer vor Marius dem römischen Heer durch die Reformen gegenüberstellen.
2. Analysieren Sie auch unter Bezugnahme der Materialien in M2, inwiefern die Reformen des Marius positive und negative Folgen hatten/haben konnten.

Best.-Nr. 024752

Die Heeresreform des Marius – Segen oder Fluch?

1. Legen Sie eine Tabelle an, in der Sie mithilfe von M1 das römische Heer vor Marius dem römischen Heer durch die Reformen gegenüberstellen.

das römische Heer vor Marius	das römische Heer durch die Reformen
Milizheer, das hauptsächlich aus Bauern bestand	Berufsheer
Einzug als Soldaten zwischen 17 und 45 Jahren, wenn bestimmte Zensusgrenze überschritten wird	Freiwillige können Soldaten werden.
Soldaten müssen Kosten für Bewaffnung selbst tragen.	Staat zahlt Waffen der Soldaten.
Soldat nur so lange, wie Krieg ist	Dienstzeit: 16 Jahre, später 20 Jahre
keine Landschenkung an Soldaten	nach Dienstzeit: Landgut aus dem *ager publicus*
kein systematisches Training im (Schwert-)Kampf	systematische Ausbildung
kein Tragen des Marschgepäcks	Tragen des Marschgepäcks
Manipel als typische Kampfeinheit	Zusammenfassung von je 3 Manipeln zu 1 Kohorte
keine vereinheitlichten Waffen	Vereinheitlichung der Waffen
keine Legionszeichen	Einführung des Adlers als Legionszeichen (für jede Legion)

2. Analysieren Sie auch unter Bezugnahme der Materialien in M2, inwiefern die Reformen des Marius positive und negative Folgen hatten/haben konnten.

positiv:
- Mangel an Soldaten wird beseitigt.
- Armen wird eine Option auf einen Sold und Aufstieg gegeben.
- Ein Berufsheer ist im Gegensatz zu einem Milizheer besser ausgebildet und jederzeit für einen Krieg bereit.
- Nach der Dienstzeit erhalten Soldaten ein Landstück.

negativ:
- Loyalität zum Feldherrn anstatt zum Staat gefährdet die staatliche Ordnung (z. B. Gefahr von Umstürzen).
- Feldherren können Kriege gegen die eigene Bevölkerung/Gegner führen (z. B. Sulla, später auch Caesar).
- Senat verliert allmählich seine Macht.

Best.-Nr. 024752

Der Bundesgenossenkrieg – Roms Macht in Gefahr? (Ursachen und Maßnahmen der Bundesgenossen)

M1 Schilderungen zur Vorgeschichte und dem Ausbruch des Krieges nach dem Geschichtsschreiber Appian(os) von Alexandria (90/95–160 n. Chr.) (App. civ. 1,34–35.38)

[34.] Der Konsul Fulvius Flaccus [125 v. Chr.] war eigentlich der erste, der ganz offen die Italiker aufreizte, das römische Bürgerrecht zu fordern, damit sie aus Untertanen Teilhabern an der Herrschaft würden. Als er einen solchen Antrag einbrachte und ihn mit Stärke und Beharrlichkeit vertrat, entfernte ihn der Senat und betraute ihn mit der Führung eines Feldzuges. Als in dessen Verlauf sein Konsulat abgelaufen war, ließ er sich nach ihm zum Volkstribunen wählen, und zwar gleichzeitig mit dem jüngeren Gracchus, der ähnliche Anträge zugunsten der Italiker einbrachte. Als beide beseitigt waren ..., gerieten die Italiker in noch größere Erregung ... 35. Nach jenen Männern versprach auch der Volkstribun Livius Drusus, ein Mann aus angesehenstem Geschlechte, den Italikern auf ihre Bitten, erneut ein Gesetz einzubringen über die Verleihung des Bürgerrechtes; denn das war ihr dringendstes Anliegen, der einzige Weg, um aus Untertanen zu Herren zu werden [...] 38. Als aber die Italiker erfuhren, was Drusus geschehen war[1], ... schien es ihnen nunmehr unerträglich, dass man mit Männern, die für ihre Rechte eintraten, so verfahre; und da sie keine andere Möglichkeit mehr sahen, zum Bürgerrecht zu kommen, beschlossen sie, offen von den Römern abzufallen und sie mit aller Kraft zu bekriegen.

Walter Arend: Geschichte in Quellen. Band I: Altertum, München: Bayerischer Schulbuchverlag 1965, S. 486 f. (Nr. 448)

M2 Die Handlungen der Aufständischen nach dem griechischen Schriftsteller Diodor(us) Siculus, der in der 1. Hälfte des ersten vorchristlichen Jahrhunderts lebte (Diodoros 37, 2, 3ff.)

Es nahmen aber am Kriege gegen die Römer teil die Samniten, die Asculaner, Lucaner, Picentiner, Nolaner sowie andere Städte und Völkerschaften, unter denen die angesehenste und größte Stadt Corfinium war, die gerade von den Italikern zur gemeinsamen Hauptstadt erhoben war. Hier schufen sie alles, was einer großen Stadt und einem Reiche Stärke verschafft, dazu einen weiten Versammlungsplatz und ein Rathaus, und beschafften alles, was zur Kriegsführung nötig ist, reichliche Mengen an Geld und reiche Vorräte an Lebensmitteln. Ferner begründeten sie einen gemeinsamen Senat, bestehend aus 500 Männern; aus dieser Körperschaft sollten die zur Regierung ihres Staates geeigneten Männer hervorgehen und alle, die über das Wohl des Ganzen zu beraten fähig waren. Ihnen übertrugen sie auch die Durchführung des Krieges, und statteten sie mit unumschränkter Gewalt aus. Diese schufen nun ein Gesetz, es sollten jährlich zwei Konsuln gewählt werden, dazu zwölf Prätoren [Strategen]. Als Konsuln wurden eingesetzt Q. Pompaedius Silo, ein Marser von Abstammung, der erste unter seinen Stammesgenossen, und C. Aponius Mutilus, ein Samniter, der ebenfalls auf Grund seines Rufes und seiner Taten aus seinem Volke herausragte. Ganz Italien gliederten sie in zwei Teile, die sie zu getrennten Amtsbereichen der Konsuln erklärten ... So richteten sie in rechter Weise und – im ganzen gesehen – unter Nachahmung römischer und althergebrachter Ordnung ihre Verfassung ein ... und nannten ihre gemeinsame Hauptstadt Italia.

Bearbeitet nach Bruno Rappaport: Geschichte in Quellen. Band I: Altertum, München: Bayerischer Schulbuchverlag, 1965, S. 487 f. (Nr. 450)

1. Geben Sie in eigenen Worten wieder, welche Rolle Fulvius Flaccus und Livius Drusus für den Ausbruch des Bundesgenossenkrieges spielen.
2. Arbeiten Sie stichpunktartig heraus, zu welchen Maßnahmen die Aufständischen gegriffen haben.
3. Diskutieren Sie, ob und, wenn ja, inwiefern der Abfall der Bundesgenossen für Rom zu einem ernsthaften Problem für ihre Macht werden konnte.

[1] Livius Drusus wurde ermordet.

Best.-Nr. 024752

Der Bundesgenossenkrieg – Roms Macht in Gefahr? (Ursachen und Maßnahmen der Bundesgenossen)

1. Geben Sie in eigenen Worten wieder, welche Rolle Fulvius Flaccus und Livius Drusus für den Ausbruch des Bundesgenossenkrieges spielen.

- Rolle von Fulvius Flaccus: Er ist der erste, der ein Bürgerrecht für die Bundesgenossen formuliert und somit diese aufwiegelt, es zu fordern.
- Rolle von Livius Drusus: Er bringt auf Bitten und Drängen der Bundesgenossen den Vorschlag ein, dass die Bundesgenossen das volle Bürgerrecht erhalten sollen. Seine Ermordung jedoch führt zur Eskalation und Abfall der Bundesgenossen von Rom.

2. Arbeiten Sie stichpunktartig heraus, zu welchen Maßnahmen die Aufständischen gegriffen haben.

- Aufständische gründen einen eigenen Staat.
- Corfinium wird zur Hauptstadt Italia.
- Es wurde ein Versammlungsplatz (*forum*) und Rathaus geschaffen.
- Es werden Kriegsmittel beschafft.
- Geld und Lebensmittel werden besorgt (Anmerkung: Es werden eigene Münzen geprägt.)
- Schaffung eines gemeinsamen Senates von 500 Mitgliedern.
- Jährliche Wahl von 2 Konsuln und 12 Prätoren wird festgelegt.

3. Diskutieren Sie, ob und, wenn ja, inwiefern der Abfall der Bundesgenossen für Rom zu einem ernsthaften Problem für ihre Macht werden konnte.

Mögliche Punkte, die genannt werden könnten:

- Der Abfall wird für Rom deshalb zum Problem, weil die Bundesgenossen im römischen Heer vertreten waren. Ohne diese Soldaten war die Kriegsführung schwerer (ebenso ein Kampf gegen die Bundesgenossen). Zugleich verfügten die Bundesgenossen über große Kenntnisse der römischen Kriegsführung, die gegen Rom angewendet werden konnten.
- Außerdem hatte Rom einen Krieg quasi „vor der Haustür". Die Hauptstadt war dadurch stets bedroht.
- Ein inneritalischer Konflikt konnte zu einem Lauffeuer werden und andere von einem Abfall überzeugen (v. a. wenn die Bundesgenossen Erfolg haben sollten). Letztlich wäre die Stabilität der gesamten römischen Herrschaft in Gefahr.

Der Bundesgenossenkrieg – Roms Macht in Gefahr? (Reaktionen aus Rom)

M1 Der Geschichtsschreiber Appian(os) von Alexandria (90/95 – 160 n. Chr.) schildert, wie die Römer auf das Verhalten der abgefallenen Bundesgenossen reagierten (App. civ. 1,49):

So war die Lage in dem nach dem Jonischen Meer hin gelegenen Italien. Als aber die auf der anderen Seite von Rom wohnenden Etrusker und Umbrer und andere, ihnen benachbarte Stämme davon erfuhren, wurden sie alle zum Abfall gereizt. Da fürchtete der Senat, sie könnten, vom Kriege eingekreist und gegen ihn wehrlos werden, und ließ einmal die Meeresküste von Cumae bis nach Rom durch Freigelassene bewachen – es war das das erste Mal, dass diese aus Mangel an Soldaten zum Kriegsdienst ausgehoben wurden –, ferner beschloss er, alle noch treu gebliebenen italischen Bundesgenossen sollten das Bürgerrecht erhalten... Durch diese Vergünstigung machte der Senat die Wohlgesinnten noch wohlgesinnter, die Schwankenden stärkte er, die aber noch im Kampfe standen, machte er durch die Hoffnung auf ähnliche Vergünstigung nachgiebiger. Die Römer nahmen nun diese neuen Bürger nicht in die damaligen 35 Tribus auf, damit sie nicht durch ihre Überzahl die alten Mitglieder überstimmen könnten, sondern schufen 10 neue Tribus, in denen sie als letzte abstimmten. So waren ihre Stimmen oft nutzlos, da die 35 [alten Tribus] früher [zur Abstimmung] aufgerufen wurden und über die Hälfte [aller Tribus] ausmachten. Ob die Italiker das nun nicht gleich merkten oder auch so schon sich mit dem Erreichten zufriedengaben – später erkannten sie es, und es wurde der Anlass zu einem neuen Zwiespalt.

Walter Arend: Geschichte in Quellen. Band I: Altertum, München: Bayerischer Schulbuchverlag, 1965, S. 488 (Nr. 451)

M2 wichtige Gesetze (90 – 89 v. Chr.):

lex Iulia de civitate Latinis et sociis danda:	Verleihung des römischen Bürgerrechtes an alle Bundesgenossen, die nicht abgefallen sind.
lex Plautia Papiria de civitate sociis danda:	Alle Bundesgenossen erhalten das Bürgerrecht, wenn sie sich binnen 60 Tagen beim Prätor melden.
lex Pompeia de Transpadanis:	Verleihung des latinischen Bürgerrechtes für alle Bewohner Italiens nördlich des Po

1. Nennen Sie die Gründe, warum der römische Senat handelte.
2. Beschreiben Sie, welche Rechte den Bundesgenossen zugestanden wurden.
3. Beurteilen Sie, ob das Streben nach politischem Einfluss durch diese neuen Rechte gestillt werden konnte.

Der Bundesgenossenkrieg – Roms Macht in Gefahr? (Reaktionen aus Rom)

1. Nennen Sie die Gründe, warum der römische Senat handelte.
   Rom war wehrlos und es gab eine große Angst, umzingelt zu werden.

2. Beschreiben Sie, welche Rechte den Bundesgenossen zugestanden wurden.
   - Zunächst erhielten nur jene Bundesgenossen das volle Bürgerrecht, die sich nicht an den Kämpfen gegen Rom beteiligt haben.
   - Anschließend wurde das Recht ausgeweitet: Alle Bundesgenossen – also auch jene, die von Rom abgefallen sind – konnten das volle römische Bürgerrecht erhalten, wenn sie sich innerhalb von 60 Tagen beim Prätor melden würden. *Es ist selbsterklärend, dass damit auch das Ende des bewaffneten Kampfes gegen Rom impliziert war.*
   - Schließlich erhielten auch alle Bewohner der italischen Halbinsel nördlich des Po das latinische Bürgerrecht. Das erlaubte zwar nicht die politische Teilhabe in Rom, war aber dennoch eine Verbesserung gewesen.

3. Beurteilen Sie, ob das Streben nach politischem Einfluss durch diese neuen Rechte gestillt werden konnte.
   Individuelle Lösungen.
   Den Text von Appian bedenkend, stillten die neuen Rechte zunächst das Streben der Bundesgenossen nach politischem Einfluss. Rom beschränkte die neuen politischen Rechte nämlich in dem Sinne, dass die Bundesgenossen im Gegensatz zur Gesamtzahl ihrer Bevölkerung nur ein kleines Stimmgewicht hatten. So war es möglich, dass die alten Tribus ihre Wunschkandidaten durchbringen konnten und die Bundesgenossen leer ausgingen.

Best.-Nr. 024752

Teste dein Wissen

Der Bundesgenossenkrieg

Bei einer Ausgrabung haben Sie folgende Münze (Vorder- und Rückseite) gefunden:

Alamy Stock Photo/Granger Historical Picture Archive, Abingdon/Oxfordshire

Sie zeigen diese Münze dem Ausgrabungsleiter und dieser findet heraus, dass sie aus der Zeit des Bundesgenossenkrieges stammt. Außerdem erteilt er Ihnen noch folgende Informationen:

Vorderseite Haupt des Gottes Bacchus
Rückseite Ein Stier zertrampelt eine Wölfin.
In oskischer Schrift steht darunter: VITELLIU (lat. ITALIA)

1. Weil der Ausgrabungsleiter weiß, dass Sie erst kürzlich den Bundesgenossenkrieg in seiner Vorlesung an der Uni behandelt haben, fragt er Sie aus: Er möchte gerne wissen, wieso es zu dem Krieg kam und was die aufständischen Bundesgenossen für Maßnahmen ergriffen haben. Zudem möchte er auch erfahren, wie der Konflikt ausging. Beantworten Sie seine Fragen.
2. Danach erteilt Ihnen der Ausgrabungsleiter die Aufgabe, ihm zu erläutern, ob die Münze von den Römern oder den Aufständischen geprägt worden ist. Welche Argumente können Sie vorbringen?
3. Fernab des Ausgrabungsleiters: Welche Reformversuche und geglückte Reformen gab es denn in den Jahrzehnten vor dem Ausbruch des Bundesgenossenkrieges?

Best.-Nr. 024752

Teste dein Wissen

1. Weil der Ausgrabungsleiter weiß, dass Sie erst kürzlich den Bundesgenossenkrieg in seiner Vorlesung an der Uni behandelt haben, fragt er sie aus:
   - Er möchte gerne wissen, wieso es zu dem Krieg kam: Die Bundesgenossen strebten nach mehr politischer Mitsprache in Rom und verlangten deshalb das volle römische Bürgerrecht, für das sich zuvor einzelne römische Politiker eingesetzt hatten. Durch die Ermordung von Livius Drusus, einem Fürsprecher der Bundesgenossen in Rom, kam das Fass zum Überlaufen: Zahlreiche Bundesgenossen fielen von Rom ab.
   - und was die aufständischen Bundesgenossen für Maßnahmen ergriffen haben: Es gab diverse Maßnahmen, die die aufständischen Bundesgenossen ergriffen haben. Sie gründeten einen eigenen Staat mit der Hauptstadt Italia (unter den Römern Corfinium genannt). Es wurde staatliche Einrichtungen geschaffen, ein Senat entstand und Konsuln und Prätoren sollten jährlich gewählt werden. Außerdem wurden eigene Münzen geprägt und Lebensmittel sowie Kriegsmittel besorgt.
   - Zudem möchte er natürlich auch erfahren, wie der Konflikt ausging: Die Römer gestanden den Bundesgenossen letztlich das volle Bürgerrecht zu. Erst erhielten es nur all jene, die sich nicht gegen Rom erhoben hatten, dann aber erhielten es auch die Abtrünnigen von Rom.

2. Danach erteilt Ihnen der Ausgrabungsleiter die Aufgabe, ihm zu erläutern, ob die Münze von den Römern oder den Aufständischen geprägt worden ist. Welche Argumente können Sie vorbringen?
   Die Münze stammt von den Aufständischen, Argumente dazu:
   - Der Text auf der Rückseite der Münze ist auf oskisch und nicht lateinisch.
   - Der oskische Text gibt den Namen der Hauptstadt des Staates der abtrünnigen Bundesgenossen (Vitelliu bzw. auf Lateinisch Italia) an.
   - Zudem wird die Wölfin, die für die Römer steht (hier wird ein Bezug zum Gründungsmythos der Stadt Rom gezogen, bei dem Romulus und Remus von einer Wölfin gesäugt werden), vom (italischen) Stier (Symbol für die aufständischen Bundesgenossen) niedergetrampelt.
   - (Bacchus hieß ursprünglich wohl Liber pater. „Liber“ bedeutet im Lateinischen „frei“, womit die Aufständischen das Bildnis des Gottes benutzten, um ihre Freiheit von Rom darzustellen.)

3. Fernab des Ausgrabungsleiters: Welche Reformversuche und geglückte Reformen gab es denn in den Jahrzehnten vor dem Ausbruch des Bundesgenossenkrieges?
   - Gracchische Reformen von Tiberius und Gaius Gracchus
   - Heeresreform des Marius

Best.-Nr. 024752

Baustein 2

Die Diktatur Sullas

Überblick

Der zweite Baustein rückt die Diktatur Sullas (82-79 v. Chr.) in den Fokus, die eine wichtige Rolle in der römischen Geschichte des 1. Jhdts. v. Chr. spielt, da erstmals ein Feldherr gegen Rom marschiert ist, Proskriptionen gegen seine Gegner durchführte und diktatorisch regierte. In insgesamt drei Arbeitsblättern soll hierbei ein genauerer Blick auf einzelne Punkte der sullanischen Herrschaft geworfen werden:

Arbeitsblatt 1
S. 33

- Eingangs stehen die Proskriptionen im Zentrum, zumal diese am Anfang der Diktatur stehen. Die Leitfrage lautet: **Wie geht der Dictator mit seinen Gegnern um?** (AB 1)

Arbeitsblatt 2
S. 34

- Neben den Proskriptionen hat Sulla auch zahlreiche Reformen durchgeführt – die Proskriptionen sind sogar ein Teil davon –, die unter den *leges Corneliae* bekannt sind. Mit diesen sollen sich die Schülerinnen und Schüler in **AB 2** unter der Leitfrage **Die *leges Corneliae* – Wie veränderte Sulla den Staat?** befassen.

Arbeitsblatt 3
S. 36

- Nach der Beschäftigung mit den Veränderungen unter Sulla stellt sich die Frage, wie seine Diktatur bewertet werden kann. Unter der Leitfrage **Die Diktatur Sullas – Wegbereiter einer besseren oder schlechteren Zeit?** (AB 3) sollen sich die Schülerinnen und Schüler mit einem antiken und einem zeitgenössischen Urteil auseinandersetzen.

Sachanalyse

Sullas erste Erfolge

Die großen Wirren und Krisen der Römischen Republik seit dem Ende des 2. Jhdts. vor Chr. erlebte der 138 v. Chr. geborene Lucius Cornelius Sulla größtenteils aktiv mit. Beim Iugurthinischen Krieg und dem Kampf gegen die Kimbern und Teutonen wirkte er sogar im Heer mit, wobei er in dieser Zeit Gaius Marius unterstellt war. Dabei zeichnete sich Sulla durchaus mehrfach aus, aber das Verhältnis zu Marius erwies sich als angespannt. Noch allerdings spielte Sulla keine herausragende Rolle im Staat.

Sullas Sieg gegen Rufus und Marius

Das änderte sich zu Beginn der 80er-Jahre: Durch Sullas erfolgreiche Beteiligung am Bundesgenossenkrieg, wurde er zu einem der Konsuln des Jahres 88 v. Chr. gewählt. Sulla selbst strebte danach, den Oberbefehl über den geplanten Feldzug gegen Mithridates VI. Eupator von Pontos zu übernehmen, der angeblich 80000 römische Soldaten an einem Tag hat hinrichten lassen. Den Oberbefehl bekam er auch zugesprochen, doch dann kam es anders: Der Volkstribun Publius Sulpicius Rufus, der für die Belange der Bundesgenossen eintrat, schaffte es, dass die Konsuln aus Rom flüchteten, und ließ Gaius Marius den Oberbefehl für den Feldzug gegen Mithridates zukommen.
Dies ließ Sulla nicht so stehen: Anstatt dass er den Oberbefehl über seine Legionen niederlegte, marschierte er mit seinen vier Legionen nach Rom und nahm die Stadt ein – noch nie war ein römischer Heerführer gegen Rom marschiert. Rufus starb auf der Flucht, Marius floh nach Nordafrika und Sulla regelte die Dinge zu seinen Gunsten.

Die Herrschaft Cinnas in Rom

So brach Sulla zum Kampf gegen Mithridates auf (87 – 84), den er siegreich beendete. Einer der beiden Konsuln des Jahres 87, nämlich Cornelius Cinna, nutzte Sullas Abwesenheit sofort aus, um ihn zum Staatsfeind erklären zu lassen und brutal gegen die Anhänger Sullas – das waren die Optimaten – vorzugehen. Cinna blieb bis zu seiner Ermordung 84 Konsul, Sulla kehrte erst 83 nach Rom zurück, musste aber nicht erneut mit seinen Truppen in Rom einmarschieren, denn es gab keinen Widerstand.

Beginn der Diktatur Sullas und Proskriptionen

Als 82 beide Konsuln gestorben waren und Lucius Valerius Flaccus zum Interrex bestimmt worden war, griff Sulla nach der maximal möglichen Macht. Flaccus ließ von der Volksversammlung absegnen, dass Sulla Diktator werden würde, um die Republik wiederherzustellen (*dictator legibus scribundis et rei publicae constituendae*).
Mit dem Amt des Diktators konnte Sulla nun gegen die Anhänger des Marius und Cinna vorgehen. Es kam zu einer Proskriptionswelle, der ersten von zweien in der Geschichte Roms. Hierbei wurden öffentlich die Namen derer ausgehängt, die geächtet wurden und vogelfrei waren. Für ihre Ermordung wurde man belohnt und Rettung war nur durch rechtzeitige Flucht ins Exil möglich, wobei man alle Besitztümer verlor.
Dieses blutige Treiben – es wurden mehrere tausend Menschen getötet – wurde am 01.06.81 auf Geheiß des Diktators beendet; zahlreiche Anhänger Sullas ließen bis dahin Menschen auf die Proskriptionslisten eintragen, deren Güter sie begehrten.

Sullanische Reformen und Abdankung

Neben den Proskriptionen erließ Sulla zahlreiche Gesetze, die sogenannten *leges Corneliae*, mit denen er die Republik in der Tat neu ordnete. Dazu zählen zum Beispiel die Erhöhung der Zahl der Quästoren auf 20 und die der Prätoren auf acht sowie die Festlegung der Ämterlaufbahn (Quästur, dann Prätur, dann Konsulat) – der sogenannte *cursus honorum* – mitsamt den Mindestaltern. Zugleich zielte Sulla auf eine Schwächung des Volkstribunats und einer Stärkung des Senates. Deswegen erhöhte er die Zahl der Senatoren von 300 auf 600, wobei er die neuen Plätze mit Rittern auffüllte, und legte fest, dass nur Senatoren Volkstribunen werden konnten. Wer einmal ein Volkstribun war, durfte kein Amt der Ämterlaufbahn mehr bekleiden, womit junge ambitionierte Politiker kein Interesse mehr für dieses Amt haben sollten. Zudem durften Volkstribunen Gesetzesvorschläge nur noch nach vorheriger Zustimmung durch den Senat einbringen (Angemerkt sei, dass nach Sullas Diktatur die Macht der Volkstribunen restauriert wurde.). Schließlich sei noch erwähnt, dass keiner mehr ohne Erlaubnis des Senats oder des Volkes Truppen ausheben oder Krieg führen durfte, da er andernfalls mit dem Exil bestraft wurde.
Eine bemerkenswerte Sache gibt es zu Sulla noch zu nennen: Anfang 79 gab er die Diktatur freiwillig auf. Damit blieb die Republik erhalten. Im darauffolgenden Jahr starb Sulla.

Methodisch-didaktische Analyse

Leitfrage + AB 1

Die Auseinandersetzung mit der Diktatur Sullas beginnt in Arbeitsblatt 1 unter der Leitfrage **Wie geht der Dictator mit seinen Gegnern um? (AB 1).** Hierzu stehen die von Sulla durchgeführten Proskriptionen im Fokus, deren System und Funktionsweise von den Schülerinnen und Schülern mithilfe eines Berichtes des antiken Historiografen Appian herausgearbeitet werden soll. Es ist ratsam, die Proskriptionen in den historischen Kontext einzuordnen, indem man den Schülerinnen und Schülern sagt, dass vor der Diktatur Sullas seine Gegner Säuberungsaktionen gegen Optimaten und Anhänger Sullas durchgeführt hatten und die Proskriptionen mit dem 01.06.81 ein offizielles Ende fanden. Die Lernenden begreifen so, dass die Proskriptionen die Antwort Sullas hierauf sind. Zugleich sollen die Schülerinnen und Schüler auch einen modernen Erklärungsansatz kennen lernen, weshalb für Sulla die Proskriptionen von Nutzen waren. Dieser gewiss nicht leicht zu lesende und verstehende Textauszug sollte gemeinsam gelesen und besprochen werden.

AB 2

Im folgenden Arbeitsblatt (**AB 2**) sollen die Schülerinnen und Schüler verstehen, dass die Proskriptionen nur ein Teil des Regierungsprogrammes von Sulla waren (dies erwähnt der

Leitfrage

Textauszug von Linke in AB 1 bereits). Unter der Leitfrage **Die leges Corneliae – Wie veränderte Sulla den Staat?** geht es ganz explizit um die weitreichenden Reformen, die unter dem Diktator Sulla durchgeführt worden sind.

Während die erste Aufgabe am besten in Einzelarbeit behandelt werden kann, regt die zweite Aufgabe zu einer Diskussion an, wenn nämlich die Schülerinnen und Schüler überlegen sollen, wer eigentlich von Sulla geschwächt werden sollte und inwiefern Sulla die Republik beseitigen wollte.

AB 3

Leitfrage

Das dritte und letzte Arbeitsblatt (**AB 3**) zur sullanischen Herrschaft befasst sich mit einer Bewertung der diktatorischen Herrschaft Sullas. Dazu erhalten die Schülerinnen und Schüler zum einen einen antiken Quellentext, zum anderen aber auch einen Auszug aus einer wissenschaftlichen und modernen Monografie. Unter der Leitfrage **Die Diktatur Sullas – Wegbereiter einer besseren oder schlechteren Zeit?** sollen die Schülerinnen und Schüler zunächst den antiken Text analysieren und dabei die negativen Elemente und Folgen der sullanischen Herrschaft herausarbeiten. Im Anschluss daran sollen die Schülerinnen und Schüler den Text von Bringmann unter die Lupe nehmen und darstellen, welche Folgen die sullanische Herrschaft seiner Meinung nach hatte.

Es empfiehlt sich, die Ergebnisse an der Tafel abzusichern und später miteinander zu vergleichen, denn hierbei wird sich zeigen, dass Bringmann anders argumentiert, welche schlechten Folgen die Herrschaft Sullas hatte.

Den Schülerinnen und Schülern dürfte aber in jedem Fall sehr schnell klar werden, dass die sullanische Herrschaft – und damit auf die Leitfrage blickend – letztlich nicht der Startpunkt einer besseren Zeit gewesen ist.

Sullas Proskriptionen – Wie geht der Diktator mit seinen Gegnern um?

Appian(os) von Alexandria (90/95 – 160 n. Chr.) befasste sich in seinem Geschichtswerk Rhomaika, das 24 Bücher umfasst, aber nur teilweise erhalten ist, auch mit der Zeit Sullas und der unter ihm durchgeführten Proskriptionen, zu denen er das Folgende schreibt (Appian civ. 1,95 – 96):

M 1 Bericht aus Appian civ. 1,95 – 96

[95.] Die Namen von etwa 40 Senatoren und gegen 1600 Rittern ließ Sulla öffentlich anschlagen, das bedeutete ihren Tod; denn er soll der erste gewesen sein, der die Namen der Bürger, die er zum Tode bestrafte, öffentlich anschlagen ließ und dazu Ehrengeschenke ankündigte für die, die sie beseitigten, Angeberlohn für die, die sie aufspürten, und Strafen für die, die sie verbargen. Kurz danach setzte er die Namen weiterer Senatoren dazu. Wer von diesen unvermutet gefasst wurde, wurde an Ort und Stelle umgebracht, in den Häusern, auf den Gassen, in Heiligtümern; ... andere wurden fortgeschleppt und niedergetreten und keiner von denen, die solche Greuel mit ansahen, wagte vor Furcht, auch nur einen Laut von sich zu geben. Andere wurden verbannt, wieder anderen ihr Besitz konfisziert; und wer aus der Stadt entkommen war, gegen die waren Spürer angesetzt, die alles durchsuchten und, wen sie fassten, beseitigten. 96. Auch von den Italikern wurden viele aus dem Wege geräumt, verbannt oder ihrer Güter beraubt, und zwar alle, die die Befehle des Carbo oder Norbanus oder des Marius ... befolgt hatten. Scharfes Gericht wurde über sie gehalten in ganz Italien und Anklagen aller Art vorgebracht, wenn einer ein Heer gegen Sulla geführt oder am Kriege teilgenommen oder Gelder beigesteuert oder sonstige Dienste geleistet hatte oder überhaupt an Plänen gegen Sulla beteiligt war ... Und das richtete sich am stärksten gegen die Reichen. Als aber gegen einzelne nichts mehr vorzubringen war, ging Sulla gegen die Städte vor und bestrafte auch sie; den einen schleifte er die Kastelle oder riss ihre Mauern nieder oder legte ihnen Kollektivstrafen auf oder ruinierte sie durch schwerste Tributzahlungen; in den meisten aber siedelte er seine alten Soldaten an, um in ganz Italien Besatzungen zu haben; Land und Häuser ihrer Bürger zerstückelte er und übertrug alles auf diese [Veteranen]; dadurch gewann er sich besonders ihre Ergebenheit bis über den Tod hinaus; denn da sie genau wussten, dass dieser Besitz nur gewährleistet war, wenn alle Anordnungen Sullas unverändert blieben, traten sie auch nach seinem Tode für ihn ein.

Bearbeitet nach Bruno Rappaport: Geschichte in Quellen. Band I: Altertum, München: Bayerischer Schulbuchverlag 1965, S. 492 (Nr. 457)

M 2 Sulla und die Gewalt – eine moderne Erklärung von Bernhard Linke:

Zwar muss man die Taten Sullas im Kontext der Gewalttätigkeit, die die zeitgenössische römische Gesellschaft erlebte, bewerten und auch den Historikern, die seine Reformen positiv einschätzen, ist keinesfalls ein klares Bewusstsein für die moralischen Verwerfungen abzusprechen, derer Sulla sich dabei schuldig gemacht hat. Doch die Bluttaten Sullas lassen sich nicht so einfach als ein Gewaltexzess unter mehreren in einer konfliktreichen Zeit einordnen, der separat von den Reformgesetzen gesehen werden muss. Vielmehr korrespondierte bei Sulla die Systematisierung der staatlichen Ordnung mit einer Systematisierung des Verbrechens gegen römische Bürger. Die pogromhafte Organisationsstruktur bei der Verfolgung und Ausrottung wesentlicher Teile der führenden Ritter bildete eine entscheidende Voraussetzung für die projektierte Funktionsfähigkeit des späteren Ordnungsansatzes.

Bernhard Linke: Die römische Republik von den Gracchen bis Sulla, Darmstadt: Wissenschaftliche Buchgesellschaft, 2005, S. 136

1. Erläutern Sie das System der Proskriptionen (Zielgruppen; Ablauf; Folgen für Proskribierte etc.).
2. Beschreiben Sie in eigenen Worten die Haltung, die Linke bezüglich der Gewalt unter Sulla einnimmt.

Die *leges Corneliae* – Wie veränderte Sulla den Staat?

1	**lex de magistratibus** (Gesetz über die Ämter)	*a*	Erhöhung der Zahl der Prätoren von 6 auf 8
2	**lex Cornelia de maiestate** (Hochverrat)	*b*	Wahlbestechung und der Kauf von Ämtern werden unter Strafe gestellt
3	**lex Cornelia sumptuaria** (finanzielle Regelung)	*c*	Gesetzesvorschläge des Volkstribuns nur nach vorheriger Zustimmung durch den Senat möglich; nur Senatoren dürfen Volkstribun werden; wer Volkstribun ist, darf kein Amt der Ämterlaufbahn mehr bekleiden
4	**lex Cornelia de proscriptione** (Gesetz zur Proskription)	*d*	Die Ämterlaufbahn wird geregelt: u. a. Reihenfolge der Ämter (Quästur, Prätur, Konsulat) und Mindestalter zur Bekleidung werden festgelegt.
5	**lex Cornelia de viginti quaetoribus creandis** (Regelungen zur Quästur)	*e*	Begrenzung der Aufwendung für Festessen und Begräbnisse
6	**lex Cornelia de sacerdotiis** (Regelung bzgl. Priester)	*f*	Verfolgung von politischen Gegnern und Einziehung von deren Vermögen
7	**lex Cornelia de praetoribus octo creandis** (Regelungen zur Prätur)	*g*	Wer ohne Erlaubnis des Senats oder des Volkes Truppen aushebt und/oder Krieg führt, wird mit dem Exil bestraft.
8	**lex Cornelia de ambitu** (in Bezug auf Wahlen)	*h*	Erhöhung der Zahl der Quästoren auf 20
9	**lex Cornelia de tribunicia potestate** (Regelungen für das Volkstribunat)	*i*	Das Volk darf bis auf den Pontifex Maximus keine Priester mehr wählen.

zusätzliche Infos:
(1) Auch die Zahl der Senatoren wurde von 300 auf 600 erhöht.
(2) In der Forschung umstritten ist, ob es auch eine lex Cornelia de provinciis ordinandis gab. Hierdurch wurden die Machtbefugnisse von Magistraten geregelt: Wer ein öffentliches Amt innehatte, durfte keine militärische Befugnis in Italien haben. Nach einer Prätur und einem Konsulat erhielt man militärische Befugnisse außerhalb Italiens.

1. Verbinden Sie die Gesetze links mit den passenden Inhalten rechts.
2. Analysieren Sie, wen Sulla mit den *leges Cornelia* schwächen wollte, und beurteilen Sie, ob Sulla darauf abzielte, die Republik zu beseitigen.

Best.-Nr. 024752

Die *leges Corneliae* – Wie veränderte Sulla den Staat?

1. Verbinden Sie die Gesetze links mit den passenden Inhalten rechts.

1	**lex de magistratibus** (Gesetz über die Ämter)	*a*	Erhöhung der Zahl der Prätoren von 6 auf 8
2	**lex Cornelia de maiestate** (Hochverrat)	*b*	Wahlbestechung und der Kauf von Ämtern werden unter Strafe gestellt
3	**lex Cornelia sumptuaria** (finanzielle Regelung)	*c*	Gesetzesvorschläge des Volkstribuns nur nach vorheriger Zustimmung durch den Senat möglich; nur Senatoren dürfen Volkstribun werden; wer Volkstribun ist, darf kein Amt der Ämterlaufbahn mehr bekleiden
4	**lex Cornelia de proscriptione** (Gesetz zur Proskription)	*d*	Die Ämterlaufbahn wird geregelt: u. a. Reihenfolge der Ämter (Quästur, Prätur, Konsulat) und Mindestalter zur Bekleidung werden festgelegt.
5	**lex Cornelia de viginti quaetoribus creandis** (Regelungen zur Quästur)	*e*	Begrenzung der Aufwendung für Festessen und Begräbnisse
6	**lex Cornelia de sacerdotiis** (Regelung bzgl. Priester)	*f*	Verfolgung von politischen Gegnern und Einziehung von deren Vermögen
7	**lex Cornelia de praetoribus octo creandis** (Regelungen zur Prätur)	*g*	Wer ohne Erlaubnis des Senats oder des Volkes Truppen aushebt und/oder Krieg führt, wird mit dem Exil bestraft.
8	**lex Cornelia de ambitu** (In Bezug auf Wahlen)	*h*	Erhöhung der Zahl der Quästoren auf 20
9	**lex Cornelia de tribunicia potestate** (Regelungen für das Volkstribunat)	*i*	Das Volk darf bis auf den Pontifex Maximus keine Priester mehr wählen.

2. Analysieren Sie, wen Sulla mit den *leges Cornelia* schwächen wollte, und beurteilen Sie, ob Sulla darauf abzielte, die Republik zu beseitigen.

- Sulla wollte vor allen Dingen die Volkstribune bei gleichzeitiger Stärkung des Senates schwächen. *Sulla selbst hatte erleben müssen, wie ein Volkstribun seiner Karriere gefährlich wurde. Publius Sulpicius Rufus hatte einst dafür gesorgt, dass Sulla aus Rom flüchtete und Sullas Oberbefehl für den Feldzug gegen Mithridates entzogen worden ist.*
- Zugleich richtete sich Sulla mit den Proskriptionen explizit gegen die Anhänger von Marius und Cinna, gegen die er kämpfen musste und gegen die er sich durchgesetzt hatte.
- Sulla strebte allerdings keine Beseitigung der Republik an. Dies zeigt sich daran, dass er in seinen Reformen die Ämter nicht abschaffte, sondern im Gegensatz sogar eine Ämterlaufbahn festschrieb und sich für faire Wahlen frei von Korruption einsetzte.
- *Zugleich darf nicht vergessen werden, dass Sulla letztlich die Diktatur freiwillig niederlegte. Er verstand sich also als Teil der Republik und war ihr verpflichtet.*

Best.-Nr. 024752

Die Diktatur Sullas – Wegbereiter einer besseren oder schlechteren Zeit?

M 1 Der römische Geschichtsschreiber Gaius Sallust(ius) Crispus (85-35/4 v. Chr.) setzte sich mit der sullanischen Diktatur auseinander und kam zu folgendem Urteil (Sall. Cat. 11):

(11) [...] Nachdem aber Lucius Sulla mit Waffengewalt den Staat an sich gerissen hatte und nach guten Anfängen ein schlimmes Ende gezeitigt hatte, da rafften alle, schleppten beiseite, der eine wünschte ein Haus, Ackerland der andere, die Sieger kannten weder Maß noch Beherrschung, begingen scheußliche und grausame Taten gegen ihre Mitbürger. Hierzu kam noch, daß Lucius Sulla das Heer, das er in Asien geführt hatte, um es sich dadurch treu zu machen, wider die Art der Vorfahren üppig und allzu großzügig gehalten hatte. Liebliche und genußreiche Gegenden hatten während der Ruhezeit leicht den trotzigen Sinn der Soldaten verweichlicht. Dort gewöhnte sich zum ersten Male das Heer des römischen Volkes an, zu lieben, zu trinken, Statuen, Gemälde, ziselierte Gefäße zu bewundern, sie auf eigene Faust oder offiziell zu rauben, die Heiligtümer zu plündern, Heiliges und Nichtheiliges alles zu besudeln. Nun, diese Soldaten ließen, als sie den Sieg errungen hatten, den Besiegten nichts übrig.

Gaius Sallustius Crispus: De coniuratione Catilinae. Die Verschwörung des Catilina. Lateinisch/Deutsch, übersetzt und herausgegeben von Karl Büchner, Stuttgart: Reclam, 1972, S. 19

M 2 eine moderne Sichtweise auf die Diktatur Sullas von Klaus Bringmann (2003)

Der letzte Versuch einer umfassenden Reform[1] mit friedlichen Mitteln, der des Livius Drusus, endete in einer Katastrophe, und als Sulla am Ende eines verheerenden Bürgerkriegs das kollektive Regiment seines Senats durch eine Gesetzgebung auf eine feste Grundlage stellen wollte, da geschah das unter einem solchen Exzess von Gewalt und Terror, dass er nicht die Stabilisierung, sondern die Destabilisierung der politischen Ordnung bewirkte. Seitdem Sulla zum Mittel des Bürgerkriegs gegriffen hatte, stand Rom unter der latenten Drohung, dass auch andere sich seiner bedienen würden. Vor allem aber war, wie oben beschrieben wurde, eine Folge der römischen Weltherrschaft, dass eine Konzentration materieller und militärischer Machtmittel in der Hand derjenigen erfolgte, die in den Besitz der großen außerordentlichen Kommandos gelangte. Die fehlende „Organkontrolle“ [...] war in der Tat ein todbringender Mangel. Unter den Bedingungen der römischen Weltherrschaft war die Republik mit der Aufgabe einer effektiven Kontrolle der einzelnen Herrschaftsträger schlicht überfordert. Selbst in den kleinen Verhältnissen der griechischen Polis konnte beispielsweise die ausgeklügelte „Organkontrolle“, mit der sich Athen die Demokratie zu schützen versuchte, nicht ihren Sturz in den Krisen eines verlorengegangenen Krieges in den Jahren 411 und 404 verhindern. Umso weniger war die in sich zerfallene Senatsaristokratie in der Lage, die in ihren auswärtigen Militärkommandos wie absolute Monarchen schaltenden Konsuln und Prokonsuln zu kontrollieren.

Klaus Bringmann: Krise und Ende der Römischen Republik, Akademie, Berlin, 2003, S. 94

1. Sammeln Sie schriftlich die negativen Elemente und Folgen der sullanischen Herrschaft in den Augen von Sallust.
2. Stellen Sie dar, welche Folgen die sullanische Herrschaft in den Augen von Klaus Bringmann hatte.

[1] gemeint ist eine Reform des Staates

Best.-Nr. 024752

Sullas Proskriptionen / Die Diktatur Sullas

➡ Zu AB 1

1. Erläutern Sie das System der Proskriptionen (Zielgruppen; Ablauf; Folgen für Proskribierte etc.).
   - Zielgruppe: Gegner Sullas *(Marianer und Anhänger Cinnas)*, insgesamt zunächst 40 Senatoren und 1600 Angehörige des Ritterstandes; im Laufe der Zeit Erweiterung der Liste der Proskribierten
   - Ablauf: Name der Geächteten wird öffentlich ausgehängt. Damit sind sie vogelfrei und können von jedem getötet werden. Dabei gilt sogar, dass diejenigen, die Geächtete töten, belohnt werden.
   - Folgen für Proskribierte: Viele finden den Tod, einigen gelingt die Flucht ins Exil, verlieren aber (genauso wie die Getöteten) ihren Besitz.
   - Weiteres: Wer einem Proskribierten Schutz bietet, wird ebenfalls bestraft. Zudem gibt es spezielle Spürer, deren Aufgabe es ist, Proskribierte aufzufinden und zu töten.
2. Beschreiben Sie in eigenen Worten die Haltung, die Linke bezüglich der Gewalt unter Sulla einnimmt.
   - Gewalt dürfe nicht unabhängig vom Reformprojekt Sullas gesehen werden, sondern sei mit ihr verknüpft gewesen.
   - Die Ausrottung der Gegner sei für Sulla nötig gewesen, damit die Reformen wirken und erfolgreich sein konnten.

➡ Zu AB 3

1. Sammeln Sie schriftlich die negativen Elemente und Folgen der sullanischen Herrschaft in den Augen von Sallust.
   - grausame Taten gegenüber der Bevölkerung
   - Habgier: Viele begehren den Besitz von anderen.
   - zu üppige Belohnung des Heeres
   - Verweichlichung der Soldaten: Sie werden zu Genussmenschen, scheuen sich nicht vor Raubzügen und Plünderung von Heiligtümern.
   - Kurzum: Den Besiegten wird alles genommen.
2. Stellen Sie dar, welche Folgen die sullanische Herrschaft in den Augen von Klaus Bringmann hatte.
   - Destabilisierung statt Stabilisierung der Republik durch Terror und Gewalt
   - fortan permanente Drohung eines Bürgerkrieges
   - Konzentration der Macht auf Feldherren (Sulla ist dafür ein Beispiel)
   - fehlende Möglichkeit der Kontrolle der Feldherren (auch hierfür ist Sulla ein Exempel)

Best.-Nr. 024752

Teste dein Wissen

Im folgenden Text zur Diktatur von Lucius Cornelius Sulla haben sich leider einige Fehler eingeschlichen. Markieren Sie alle Aussagen/Passagen, in denen Fehler vorliegen, und korrigieren Sie sie schriftlich, indem Sie entweder die Aussage berichtigen (aber nicht durch eine simple Verneinung mit „nicht" oder dergleichen) oder erläutern, was genau an der markierten Aussage falsch ist.

Sullas Diktatur

Wir schreiben das Jahr 82 vor Christus: In Rom war mal wieder die Hölle los. Sulla kehrte zurück von seinem erfolgreichen Feldzug gegen Mithridates und setzte sich gegen seine Gegner durch. Er wurde Konsul und Diktator und führte Proskriptionen gegen die Freunde von Iulius Caesar durch, der ihm ein Dorn im Auge war.
Diesen Proskriptionen fielen viele Senatoren und Ritter zum Opfer, doch waren diese Proskriptionen nicht das einzige, was Sulla durchführte. Er erließ zahlreiche Gesetze, die als sullanische Reformen bekannt sind. Eine dieser Reformgesetze sah vor, dass die Bundesgenossen endlich das volle Bürgerrecht erhalten sollten. Ein anderes Gesetz behandelte die Ämterlaufbahn, die nun festgelegt worden ist. Weil Sulla viele Gegner im Senat hatte, zielte er darauf ab, die Macht der Senatoren zu beschränken und die Macht der Volkstribune zu erhöhen. Nichtsdestotrotz erhöhte er auch die Zahl der Prätoren und Konsuln. Auch ging Sulla gegen Wahlbestechung und Ämterkauf vor und regelte außerdem die Priesterwahlen. Apropos Priesterwahlen: Für seine guten Dienste wollte er seinen Freund Gaius Marius zum *Pontifex Maximus* wählen lassen, doch starb jener, bevor dies geschehen konnte.
Wie dem auch sei: Sulla selbst legte nach der Durchführung der Reformen sein Amt als Diktator nieder und setzte sich zur Ruhe. Da er aber durch seine Reformen viel Unmut bei seinen Gegnern erregte, war der Ruhestand nur ein kurzer: Er wurde schließlich im Zuge einer Verschwörung ermordet.
Sullas Herrschaft wurde von der Nachwelt kritisch bewertet. Der Schriftsteller Sallust zum Beispiel sieht die Diktatur sehr negativ. Immerhin hält er ihm zu Gute, dass Sulla sein Heer nicht zu ausgiebig für die Erfolge belohnte.

Best.-Nr. 024752

Teste dein Wissen

Sullas Diktatur

Wir schreiben das Jahr 82 vor Christus: In Rom war mal wieder die Hölle los. Sulla kehrte zurück von seinem erfolgreichen Feldzug gegen Mithridates und setzte sich gegen seine Gegner durch. Er wurde Konsul und Diktator und führte Proskriptionen gegen die Freunde von Iulius Caesar durch, der ihm ein Dorn im Auge war. Diesen Proskriptionen fielen viele Senatoren und Ritter zum Opfer, doch waren diese Proskriptionen nicht das einzige, was Sulla durchführte. Er erließ zahlreiche Gesetze, die als sullanische Reformen bekannt sind. Eine dieser Reformgesetze sah vor, dass die Bundesgenossen endlich das volle Bürgerrecht erhalten sollten. Ein anderes Gesetz behandelte die Ämterlaufbahn, die nun festgelegt worden ist. Weil Sulla viele Gegner im Senat hatte, zielte er darauf ab, die Macht der Senatoren zu beschränken und die Macht der Volkstribune zu erhöhen. Nichtsdestotrotz erhöhte er auch die Zahl der Prätoren und Konsuln. Auch ging Sulla gegen Wahlbestechung und Ämterkauf vor und regelte außerdem die Priesterwahlen. Apropos Priesterwahlen: Für seine guten Dienste wollte er seinen Freund Gaius Marius zum *Pontifex Maximus* wählen lassen, doch starb jener, bevor dies geschehen konnte.
Wie dem auch sei: Sulla selbst legte nach der Durchführung der Reformen sein Amt als Diktator nieder und setzte sich zur Ruhe. Da er aber durch seine Reformen viel Unmut bei seinen Gegnern erregte, war der Ruhestand nur ein kurzer: Er wurde schließlich im Zuge einer Verschwörung ermordet.
Sullas Herrschaft wurde von der Nachwelt kritisch bewertet. Der Schriftsteller Sallust zum Beispiel sieht die Diktatur sehr negativ. Immerhin hält er ihm zu Gute, dass Sulla sein Heer nicht zu ausgiebig für die Erfolge belohnte.

Korrekturen:
Fehler 1: Sulla wurde nur Diktator und nicht Konsul.
Fehler 2: Sulla ging gegen die Anhänger der Popularen vor, v. a. aber gegen die Anhänger von Marius und Cinna.
Fehler 3: Die Bundesgenossen hatten schon das volle Bürgerrecht gehabt, als Sulla Diktator wurde.
Fehler 4: Sulla wollte die Macht der Volkstribune schmälern und die Macht des Senates dagegen erhöhen.
Fehler 5: Gaius Marius war kein Freund von Sulla. Sie waren verfeindet. Außerdem war Marius schon vor der Diktatur Sullas gestorben.
Fehler 6: Sulla fiel keiner Verschwörung zum Opfer und wurde auch nicht ermordet.
Fehler 7: Sallust kritisiert die reiche Beschenkung der Soldaten, die nicht den Sitten der Vorfahren entsprach.

Best.-Nr. 024752

Baustein 3

Die Zeit zwischen Sullas Diktatur und dem Bürgerkrieg zwischen Caesar und Pompeius

Überblick

Baustein 3 setzt beim Ende der Diktatur Sullas an und betrachtet den Zeitraum bis zum Bürgerkrieg zwischen Gaius Iulius Caesar und Gnaeus Pompeius Magnus (79 – 49 v. Chr.). Dieser Zeitraum, der in gewisser Weise eine Brücke von der einen Diktatur zur nächsten darstellt, ist die letzte, in der die Republik zeitweise voll funktionsfähig war, doch ist sie auch eine Zeit, in der die republikanische Ordnung ausgehebelt wurde. Folgende Arbeitsblätter befinden sich in diesem Baustein:

Arbeitsblatt 1
S. 44

- Zunächst können sich die SuS mit dem berühmt gewordenen Spartacusaufstand auseinandersetzen. Dabei wird dieses Arbeitsblatt unter die Leitfrage gestellt: **Der Spartacusaufstand – eine erfolgreiche Rebellion?** (AB 1)

Arbeitsblätter 2a/b
S. 46 + 48

- Danach richtet sich der Blick auf die Catilinarische Verschwörung, deren Bedeutung nicht unterschätzt werden sollte, schließlich sollte Marcus Tullius Cicero die Folgen seiner Entscheidung schwer zu spüren bekommen. Die beiden Arbeitsblätter (**AB 2a und 2b**) lassen den Konsul allerdings außen vor und setzen sich mit den Reden von Caesar und Cato auseinander, die jeweils eine andere Sicht der Dinge hatten. Die Leitfrage hierbei lautet für beide AB: **Die Catilinarische Verschwörung 63 v. Chr. – Darf man römische Bürger ohne Gerichtsurteil hinrichten?**

Arbeitsblatt 3
S. 50

- Nun rückt das 1. Triumvirat in den Blickpunkt – jenes Machtbündnis, das die republikanische Ordnung mehr oder weniger aushebelte. Mit Blick auf den bald folgenden Bürgerkrieg lautet die Leitfrage: **Das 1. Triumvirat – Caesar, ein kluger Stratege?** (AB 3)

Arbeitsblätter 4 a – d
S. 52 + 54 + 56 + 58

- Der letzte große Themenblock des Bausteins widmet sich dem Gallischen Krieg, dem die/der eine oder andere Lateinschülerin/Lateinschüler begegnet sein dürfte. Hierbei gibt es zwei Leitfragen, wobei die Arbeitsblätter 4 a und 4 b sowie 4c und 4d jeweils eine Einheit bilden. Zunächst stellt sich die folgenden Leitfrage: **Der Gallische Krieg – ein gerechter Krieg?** (**AB 4 a und 4 b**) Caesars Geschichtswerk ist aber auch berühmt für seine Bevölkerungsbeschreibungen, weshalb die zweite Leitfrage lautet: **Der Gallische Krieg – Wie werden Nichtrömer wahrgenommen?** (AB 4c und 4d)

Sachanalyse

Ausgangslage nach Sulla

Die freiwillige Niederlegung der Diktatur Sullas bedeutete, dass die republikanische Ordnung letztlich noch nicht beseitigt worden war. Trotzdem blieb die Republik in der Folge auch weiter in der Krise und kaum zwei Jahrzehnte nach dem Ende der sullanischen Herrschaft sollte das 1. Triumvirat die Republik zum Spielball dreier mächtiger Männer machen.

Pompeius' Kampf gegen Sertorius

Zuvor jedoch mussten diese drei Männer erst noch zusammenfinden. Gnaeus Pompeius, einer dieser erwähnten drei Herren, zeichnete sich immer wieder auf militärischer Ebene nach dem Ende der Diktatur aus. In den Jahren 77 – 72 führte er einen Krieg gegen Quintus Sertorius in Spanien. Jener Sertorius war ein Anhänger Cinnas gewesen und kämpfte als Prätor der Provinz *Hispania Citerior* gegen die sullanische Ordnung an. Um Sertorius, um den sich zahlreiche Gegner Sullas geschart hatten, zu besiegen, wurde Pompeius mit einer Armee entsandt, doch konnte Sertorius nicht besiegt werden. Im Jahre 72 jedoch wurde Sertorius im Zuge einer Verschwörung von Marcus Perperna ermordet, der wiederum kurze Zeit später den Krieg gegen Pompeius verlor.

Spartacusaufstand

Noch während der Krieg in Spanien gegen Sertorius tobte, kam es auf der italischen Halbinsel zu neuen Unruhen. Ein gewisser Spartacus, ein Sklave und Gladiator aus Thrakien, erhob sich 73 zusammen mit weiteren Sklaven und konnte in der Folge einige bedeutende Erfolge gegen das römische Heer erzielen. Der Kampf gegen Spartacus, den mit ihm rebellierenden Sklaven und der armen Landbevölkerung, die sich ihnen anschloss, war mühseliger als erwartet. Die Konsuln scheiterten daran, den Aufstand niederzuschlagen und erst Marcus Licinius Crassus gelang es, den Sieg über die Aufständischen zu erlangen, wobei auch Pompeius am Ende gegen die Sklaven erfolgreich kämpfte. Was folgte, war ein Mahnmal für alle Nachahmer: Die gefangen genommenen Sklaven wurden sämtlich gekreuzigt und entlang der Via Appia aufgestellt.

weitere Erfolge von Pompeius

Pompeius selbst hatte nach den Kämpfen in Spanien und der Hilfe gegen die Sklaven schon bald neue militärische Aufgaben. Erst kämpfte er gegen die Seeräuber auf dem Mittelmeer, dann folgte der erneute Kampf der Römer gegen Mithridates im Osten des Reiches (68 – 62). Auf Pompeius' Sieg folgte die Neuordnung des Ostens durch ihn und die Errichtung der Provinzen *Syria* und *Bithynia et Pontos*. Das Problem daran: Die Optimaten im Senat akzeptierten sein eigenmächtiges Vorgehen bei der Strukturierung im Osten nicht und das war für Pompeius Grund genug, gegen die Republik vorzugehen.

Catilinarische Verschwörung

Bevor dies allerdings der Fall war, war es 63 zur Verschwörung des Catilina gekommen. Catalina versuchte, mit Waffengewalt an die Macht in Rom zu gelangen. Seine Verschwörung wurde aufgedeckt und dies war eine Glanzstunde für den amtierenden Konsul Marcus Tullius Cicero, der den anderen Senatoren von der Verschwörung berichtete und letztlich die gefangenen Verschwörer – nicht ohne Widerstand von einigen Senatoren – ohne Gerichtsverfahren hinrichten ließ – ein Umstand, der später für die zeitweise Verbannung von Cicero führte.

1. Triumvirat

Nun aber zum 1. Triumvirat: Im Jahre 60 v. Chr. fanden sich Pompeius, der ebenfalls schon erwähnte Crassus, seinerzeit der reichste Bürger Roms, und der noch junge und aufstrebende Gaius Iulius Caesar unter Mithilfe des Volkstribunen Publius Vatinius zusammen, um die republikanische Ordnung auszuhebeln und die gesamte Politik zu bestimmen. Zugleich wurde zur Stärkung des Bündnisses Iulia, die Tochter Caesars, mit Pompeius verheiratet. Besonderer Profiteur des Bündnisses war eben jener Iulius Caesar, der hierdurch immer weiter aufstieg und politisch immer bedeutsamer wurde. Nach dem Konsulat im Jahre 59 wirkte Caesar in den folgenden Jahren als Prokonsul in Gallien. Dort kam es zum Gallischen Krieg (ab 58), den er im Jahre 51 siegreich mit der Eroberung ganz Galliens abschloss. In der Zwischenzeit hatte sich allerdings die Gemengelage in Rom zu Ungunsten Caesars verändert und so sollte schon bald der Bürgerkrieg gegen Pompeius und seinen Gegnern im Senat ausbrechen.

Methodisch-didaktische Analyse

Der Zeitraum des Bausteins bietet multiple Möglichkeiten, welche Konflikte und Geschehnisse betrachtet werden können. In diesem Fall wurde sich entschieden, als erstes auf den Sklavenaufstand unter Spartacus zu blicken, der durchaus auch heute noch populär ist (z. B. gab es eine Fernsehserie Anfang der 2010er-Jahre über Spartacus). Im Vordergrund des ersten Arbeitsblattes (**AB 1**) steht die Frage **Der Spartacusaufstand – eine erfolgreiche**

AB 1 + Leitfrage

Rebellion? Erneut kommen die Schülerinnen und Schüler mit einem inneren Konflikt im römischen Imperium in Kontakt und in diesem Fall mit einem Kampf David gegen Goliath. Basierend auf den Schilderungen von Plutarch sollen die Schülerinnen und Schüler den wesentlichen Verlauf des Konfliktes kennen lernen. Die bereits zitierte Leitfrage kann nach Bearbeitung von Aufgabe 1 in der Gruppe diskutiert werden. Hierbei ist es durchaus gewinnbringend, wenn man die Leitfrage anfangs nicht bloß global beantwortet, also auf das Endergebnis schaut und ihr ein Scheitern attestiert, sondern die in Aufgabe 1 erarbeiteten Erfolge bedenkt und darüber nachdenkt, ob der Aufstand nicht zwischenzeitlich doch eine ziemlich erfolgreiche Erhebung war, die womöglich sogar ein Potential zu mehr hatte.
Die zweite Aufgabe des Arbeitsblattes lässt sich im Übrigen gut in Form einer Hausaufgabe bearbeiten und zeigt eine Verknüpfung von antiker und moderner Geschichte.

Als nächstes folgen zwei Arbeitsblätter, die sich mit dem zentralen Ereignis des Jahres 63 v. Chr. auseinandersetzen, nämlich der Catilinarischen Verschwörung. Da diese Verschwörung sowohl von Cicero als auch von Sallust schriftlich behandelt worden ist und gerne mal im Lateinunterricht gelesen wird, könnte man vor Bearbeitung der Arbeitsblätter die Schülerinnen und Schüler nach ihrem Vorwissen befragen. Wenn es überhaupt kein Vorwissen zur Catilinarischen Verschwörung geben sollte, kann entweder in einem Lehrervortrag das wichtigste genannt werden oder in Vorbereitung in Form einer Hausaufgabe der Arbeitsauftrag erteilt werden, sich zur Catilinarischen Verschwörung zu informieren.

AB 2a–b

Leitfrage

Die beiden Arbeitsblätter (**AB 2a und 2b**) indes befassen sich mit einem ganz bestimmten Aspekt der Verschwörung, und zwar der Frage, wie mit den gefangen genommenen Verschwörern umzugehen sei. Die Leitfrage lautet deswegen auch **Die Catilinarische Verschwörung 63 v. Chr. – Darf man römische Bürger ohne Gerichtsurteil hinrichten?** Hierzu sollen die Schülerinnen und Schüler sich mit zwei entgegen gesetzten Ansichten auseinandersetzen: Den auf Haft plädierenden Caesar und den für die Hinrichtung plädierenden Cato. Die Auseinandersetzung mit Caesar hat den netten Nebeneffekt, dass man hier schon in gewisser Weise seine berühmt gewordene *clementia* untersuchen kann, die im Baustein 4 behandelt wird.
Wie dem auch sei: Die beiden Arbeitsblätter können entweder von jedem in Kleingruppen bearbeitet werden oder man teilt die Gruppe auf und der eine Teil behandelt AB 2a und der andere Teil die erste Aufgabe von AB 2b. Dann können die Ergebnisse gegenseitig vorgestellt und die Aufgabe 2 von AB 2b bearbeitet werden. Die finale Aufgabe ist eine Wahlaufgabe: Entweder man führt eine Diskussion im Plenum durch, welche Argumentation überzeugender ist (die von Caesar oder die von Cato), oder man lässt die Lernenden kreativer arbeiten und sie eigene Reden schreiben, in der sie die Argumentationen aufgreifen und ihren eigenen Standpunkt ausführen.

AB 3

Leitfrage

Erwies sich die Republik gegenüber Catilina als robust, wurde sie wenige Jahre später durch das 1. Triumvirat ausgehebelt. Mit diesem Bündnis zwischen Caesar, Pompeius und Crassus sollen sich die Schülerinnen und Schüler im dritten Arbeitsblatt (**AB 3**) auseinandersetzen. Diese Bearbeitung steht unter der Leitfrage **Das 1. Triumvirat – Caesar, ein kluger Stratege?** Die Schülerinnen und Schüler sollen nämlich vor allen Dingen auf Iulius Caesar blicken, der zwar als aufstrebender Politiker galt, aber sonst noch nicht allzu bedeutsam war. Für den späteren Aufstieg Caesars ist das Triumvirat aber von zentraler Bedeutung, weshalb die Lernenden besonders auf seine Rolle bei der Herausbildung des Bündnisses blicken sollen.
Methodisch gesprochen, sollen die Lernenden das Bündnis in Form eines Schaubildes visualisieren (Aufgabe 1) und dann im Wesentlichen die Leitfrage durch gezielte Aufgabenstellungen bearbeiten.

Das Ende des dritten Bausteins bilden vier Arbeitsblätter zum Gallischen Krieg, die zwei verschiedene Fragestellungen in den Fokus rücken. Zunächst geht es um: **Der Gallische Krieg – ein gerechter Krieg?** Den Römern war nämlich ein aus ihrer Sicht *bellum iustum* von zentraler Bedeutung und so gilt es, darauf zu blicken, ob der Gallische Krieg ein *bellum iustum* war. Dazu sollen die Schülerinnen und Schüler in **AB 4 a** eine Rede des Galliers Diviciacus analysieren und in **AB 4 b** Caesars Argumente für Verhandlungen und das spätere Eingreifen gegen die Germanen näher beleuchten. Wichtig ist, dass die Schülerinnen und Schüler im Hinterkopf behalten, dass Caesar selbst diese Texte geschrieben hat und ein gewisses Interesse zu seinen Gunsten möglich erscheint. Gewinnbringend wäre es, wenn zuerst AB 4 a bearbeitet wird, denn in Aufgabe 3 sollen die Schülerinnen und Schüler aufgrund der Rede des Diviciacus überlegen, welche Gründe Caesar für einen gerechten Krieg anführen könnte. Diese könnten dann mit den Überlegungen Caesars in AB 4 b verglichen werden. Den Abschluss des zweiten Arbeitsblattes bildet eine Diskussion, die am besten im Plenum durchgeführt werden sollte.

Leitfrage AB 4 a – b

AB 4 a

AB 4 b

Die zweite Leitfrage, die mit dem Gallischen Krieg verbunden ist, lautet: **Der Gallische Krieg – Wie werden Nichtrömer wahrgenommen?** Caesars Schilderungen beinhalten nämlich auch Beschreibungen von Galliern und Germanen und so ist es lohnend, darauf zu schauen, wie in den Augen der *kultivierten* Römer die Gallier und Germanen erscheinen. Hierzu setzt sich **AB 4c** mit den Galliern und **AB 4d** mit den Germanen auseinander. Diese Arbeitsblätter können getrennt bearbeitet werden, d. h. der eine Teil der Lerngruppe bearbeitet die Darstellung der Gallier, der andere die Darstellung der Germanen. So können sich die Lernenden später gegenseitig die Ergebnisse im Zweierverbund, Kleingruppen oder größeren Gruppen vorstellen.

Leitfrage 4c – d

AB 4c – d

Der Spartacusaufstand – eine erfolgreiche Rebellion?

Der griechische Schriftsteller Plutarch (ca. 45 – ca. 125 n. Chr.) schrieb eine Vielzahl an Biografien. Während viel von seinen Kaiserviten verloren gegangen ist, sind die meisten Bücher der βίοι παράλληλοι (z. Dt. Parallele Leben) erhalten geblieben. In diesen Büchern stellt er jeweils einen berühmten Römer einem ebenfalls berühmten Griechen gegenüber, deren Leben Parallelen aufweisen. In einer dieser Biografien schildert Plutarch das Leben des Marcus Licinius Crassus. Dabei beschreibt er auch die Geschehnisse des Aufstandes unter Spartacus (Plut. Crass. 8 – 10, in kursiv Angaben des Übersetzers Konrat Ziegler).

Plutarch über den Spartacusaufstand

[8] Der Aufstand der Gladiatoren und die Verheerung Italiens, die bei den meisten Autoren den Namen Spatacuskrieg führt, entwickelte sich aus folgendem Anlass: Ein gewisser Lentulus Vatia unterhielt in Capua Gladiatoren, von denen die meisten Gallier und Thraker waren, welche nicht wegen schwerer Vergehen, sondern durch die Ungerechtigkeit ihres Herrn, der sie gekauft hatte, zwangsweise eingesperrt worden waren, um als Gladiatoren verwendet zu werden. Von ihnen beschlossen 200 auszureißen, aber da die Sache verraten wurde, gelang es nur 78..., aus einer Küche Messer und Bratspieße an sich zu nehmen und zu entfliehen. Unterwegs begegneten sie Wagen, die Fechterwaffen nach einer anderen Stadt beförderten, rissen sie an sich und bewaffneten sich. Hierauf besetzten sie einen festen Platz und wählten sich drei Anführer, von denen der erste Spartacus war, ein Thraker ..., der nicht nur einen stolzen Sinn und große Körperkraft besaß, sondern auch durch Verstand und Herzensgüte besser war als sein Stand ... 9. Zuerst schlugen sie die Leute, die von Capua aus gegen sie ausgesandt wurden, in die Flucht, bekamen so viele Kriegswaffen in die Hand und wechselten sie mit Freuden gegen die Gladiatorenwaffen aus, die sie als entehrend und barbarisch wegwarfen.

Ein gegen sie gesandtes Heer unter einem Konsul wird geschlagen.

Jetzt liefen ihnen viele der Rinder- und Schafhirten der Gegend zu, handfeste, schnellfüßige Leute, die sie teils mit schweren Waffen versahen, teils als Vorposten und leichte Truppen verwendeten.

Weitere Heere der Römer werden geschlagen.

10. Als das der Senat erfuhr, befahl er den Konsuln voll Zorn, das Kommando niederzulegen, und ernannte für die weitere Führung des Krieges den Crassus zum Feldherrn. Mit ihm zogen wegen seines Ruhmes und aus Freundschaft viele vornehme Männer ins Feld. Er selbst hielt vor den Grenzen von Picenum, um den dorthin ziehende Spartacus zu empfangen, und sandte seinen Unterfeldherrn Mummius mit zwei Legionen auf Umwegen in den Rücken des Feindes, mit dem Befehl, ihm zu folgen, doch ohne sich in ein Gefecht oder auch nur in ein Geplänkel einzulassen. Aber Mummius lieferte ihm, sowie sich eine günstige Gelegenheit zu bieten schien, eine Schlacht und wurde geschlagen, und viele fanden den Tod, viele retteten sich auch unter Hinterlassung der Waffen durch die Flucht. Crassus empfing den Mummius mit harten Vorwürfen und ließ den Soldaten neue Waffen geben [...]. Fünfhundert Mann aber, die zuerst am schimpflichsten geflohen waren, ließ er in 50 Abteilungen zu je zehn teilen und aus jeder Abteilung einen Mann, den das Los traf, hinrichten, womit er eine alte militärisch Strafart, die lange Zeit geruht hatte, wieder aufnahm. Die Art der Hinrichtung ist mit besonderer Schande verbunden, und schreckliche Bräuche werden bei der Hinrichtung vor den Augen des ganzen Heeres vollzogen. So brachte er die Leute wieder zur Zucht und führte sie dann gegen die Feinde [...]

Es gelingt dann Crassus, die Sklaven, die sich getrennt haben, zu besiegen; einen geflüchteten Rest der Sklaven schlägt Pompeius und rühmt sich dann, den Sklavenkrieg beendet zu haben.

Konrat Ziegler: Geschichte in Quellen. Band I: Altertum, München: Bayerischer Schulbuchverlag, 1965, S. 495 f. (Nr. 462)

1. Beantworten Sie auf Grundlage des Quellentextes folgende Fragen: Was war die Ursache der Erhebung der Sklaven? Welche Bewaffnung hatten sie im Verlaufe des Krieges? Wer waren die Anführer auf beiden Seiten? Wer zählte zu den Aufständischen? Welche Erfolge erzielten die Aufständischen? Wie ging der Konflikt aus?
2. Informieren Sie sich, welche Beziehung zwischen Spartacus und dem Spartakusbund im Deutschen Kaiserreich und der Weimarer Republik bestehen. Beurteilen Sie, ob es gerechtfertigt ist, dass sich der Spartakusbund auf Spartacus bezieht.

Best.-Nr. 024752

Der Spartacusaufstand – eine erfolgreiche Rebellion?

1. Beantworten Sie auf Grundlage des Quellentextes folgende Fragen:

- Was war die Ursache der Erhebung der Sklaven? Lentulus Vatia hatte Gladiatoren in Capua, die er allerdings ohne von ihnen begangene Verbrechen eingesperrt hielt.
- Welche Bewaffnung hatten sie im Verlaufe des Krieges? Zunächst hatten sie Messer und Bratspieße aus einer Küche. Nach einem Überfall besaßen sie Fechtwaffen. Sie mussten auch Gladiatorenwaffen mit sich geführt haben, da sie sie später freudig weggeworfen haben, nachdem sie in den Besitz von Kriegswaffen gekommen waren.
- Wer waren die Anführer auf beiden Seiten? Auf Seiten der Sklaven gab es drei Anführer, wobei Spartacus das unumstrittene Haupt der Gruppe war. Auf der anderen Seite waren erst die Konsuln die Feldherren. Nach ihrem Versagen wurde Crassus Feldherr (ein gewisser Mummius war Unterfeldherr).
- Wer zählte zu den Aufständischen? Zunächst 78 Gladiatoren, nach Erfolgen schlossen sich auch Rinder- und Schafhirten den Aufständischen an.
- Welche Erfolge erzielten die Aufständischen? Sie siegten zunächst gegen Kämpfer aus Capua, dann über ein Heer unter Leitung der Konsuln und auch die Truppen unter Leitung von Mummius wurden geschlagen.
- Wie ging der Konflikt aus? Am Ende verloren die Truppen unter Spartacus. Crassus und auch Pompeius besiegten sie. *(Zusatzinfo fernab des Quellentextes: Die überlebenden und gefassten Sklaven wurden entlang der Via Appia gekreuzigt.)*

2. Informieren Sie sich, welche Beziehung zwischen Spartacus und dem Spartakusbund im Deutschen Kaiserreich und der Weimarer Republik bestehen. Beurteilen Sie, ob es gerechtfertigt ist, dass sich der Spartakusbund auf Spartacus bezieht.

- Der Name der Gruppe geht zurück auf die illegal verbreiteten Spartakusbriefe, in denen die Gruppe ihre politischen Ziele offenlegte. Beim Spartakusbund handelte es sich um eine kommunistisch-marxistische Gruppe, die sich zunächst als „Internationale" innerhalb der SPD gegründet hatte und sich später von ihr abgespaltet hatte. Durch die Spartakusbriefe kam die Gruppe zum Namen Spartakusbund, der bewusst an Spartacus angelehnt war.
- Auch wenn sowohl der Spartakusbund als auch Spartacus beide gegen schier übermächtige Gegner kämpften, muss man bedenken, dass man Spartacus nicht als Kommunisten bezeichnen kann. So etwas wie ein Klassenkampf war für Spartacus fremd.

Best.-Nr. 024752

Die Catilinarische Verschwörung 63 v. Chr. – Darf man römische Bürger ohne Gerichtsurteil hinrichten? (Die Ansicht Caesars)

Nach der Aufdeckung der Verschwörung des Catilina stellte sich die Frage, wie mit den gefangen genommenen Verschwörern umzugehen sei. Im Senat entbrannte eine hitzige Debatte darüber, ob die Verschwörer hingerichtet werden sollen oder nicht. Einer der Redner im Senat war dabei Gaius Iulius Caesar, dessen Rede zwar nicht erhalten, aber von Sallust später wiedergegeben worden ist. Hier begründet Caesar, warum er gegen die Todesstrafe ist (Sall. Cat. 51):

[1] Ihr aber, Senatoren und Beigeordnete, erwägt wohl, was ihr damit auch gegen andere beschließt. Alle schlechten Richtlinien sind einmal aus guten Anlässen entstanden. Sobald aber die Entscheidung an Leute gekommen ist, die sie nicht kannten, oder zu weniger Guten, wird jene neue Maßregel von Leuten, die es verdienen und wert sind, auf Leute übertragen, die es nicht verdienen und es nicht wert sind. [...] [2] Als zu unseren Zeiten Sulla nach seinem Siege Damasipp und andere der Art, die durch das Unglück des Staates emporgekommen waren, hinmorden ließ, wer lobte da nicht seine Tat? Ruchlose und intrigante Menschen, die den Staat durch Aufstände nicht hätten zur Ruhe kommen lassen, seien verdient getötet worden, sagte man. Doch war das der Beginn eines großen Unheils. Denn wie es jeweils einen nach dem Haus oder dem Landgut, schließlich nach Geschirr oder Kleidung gleich wessen gelüstete, bemühte er sich, dass dieser in die Zahl der Geächteten kam. So wurden jene, die sich über den Tod des Damasippus gefreut hatten, wenig später selbst fortgeschleift, und nicht eher gab es ein Ende des Mordens, bis Sulla alle seine Anhänger mit Reichtümern gesättigt hatte. [3] Und ich fürchte so etwas nicht bei Marcus Tullius und nicht zur jetzigen Zeit, aber in einem großen Staate gibt es viele und unterschiedliche Geister. Es kann zu anderer Zeit, unter einem anderen Konsul, der ebenfalls ein Heer in der Hand hat, etwas Falsches für Wahrheit genommen werden. Wofern nach diesem Beispiel ein Konsul auf Senatsbeschluss das Schwert gezogen hat, wer wird ihm dann eine Grenze setzen, wer wird ihn in Schranken halten?

[4] Unseren Vorfahren, Senatoren und Beigeordnete, hat es nie an Einsicht und Kühnheit gefehlt; es hinderte sie auch nicht ihr Stolz, fremde Einrichtungen, wenn sie nur recht waren, nachzuahmen. [...] Indes, eben zu jener Zeit ahmten sie den Brauch von Griechenland nach und ahndeten ihre Mitbürger mit Auspeitschung, an Verurteilten vollstreckten sie die Todesstrafe. Als der Staat wuchs und infolge der großen Masse der Bürger die Parteiungen an Macht gewannen, man anfing, Unschuldige zu umgarnen, anderes derart zu begehen, da wurden das Porcische Gesetz und andere Gesetze gegeben, Gesetze nach denen den Verurteilten die Verbannung freigestellt wurde. [5] Ich halte diesen Grund, Senatoren und Beigeordnete, insonderheit für entscheidend, dass wir keinen neuen Entschluss fassen. Fürwahr Tüchtigkeit und Weisheit waren größer bei ihnen, die aus kleinen Anfängen ein so großes Reich geschaffen haben, als bei uns, die wir das tüchtig Erworbene mit Mühe nur behaupten. Ich bin also dafür, dass sie entlassen werden und so das Heer Catilinas vermehrt werde? Keineswegs! Aber ich meine so: ihr Vermögen ist einzuziehen, sie selbst in den Landstädten, die besonders mächtig sind, in Haft zu halten, und keiner soll hiernach über sie an den Senat berichten und mit dem Volke verhandeln; verstößt jemand dagegen, ist der Senat der Ansicht, dass er gegen den Staat und das Wohl der Allgemeinheit handeln wollte.

Gaius Sallustius Crispus: De coniuratione Catilinae. Die Verschwörung des Catilina. Lateinisch/Deutsch, übersetzt und herausgegeben von Karl Büchner, Stuttgart: Reclam, 1972, S. 77.79.81

1. Fassen Sie den Inhalt der im Text gebildeten Abschnitte [1]-[5] in je einen Satz zusammen.
2. Arbeiten Sie anschließend aus dem Text heraus, welche Gründe Caesar gegen eine Hinrichtung der Verschwörer vorbringt und welches Strafmaß er vorschlägt.

Die Catilinarische Verschwörung 63 v. Chr. – Darf man römische Bürger ohne Gerichtsurteil hinrichten? (Die Ansicht Caesars)

1. Fassen Sie den Inhalt der im Text gebildeten Abschnitte [1]-[5] in je einen Satz zusammen.

[1]: Caesar warnt vor dem Missbrauch von neuen Richtlinien.
[2]: Am Beispiel von Sulla verdeutlicht er, wie neue Richtlinien missbraucht worden sind.
[3]: Caesar macht klar, dass er zwar einen gegenwärtigen Missbrauch einer neuen Richtlinie nicht fürchtet, aber Sorge vor einem Missbrauch in der Zukunft hat.
[4]: Mit einem Blick auf die Vorfahren erläutert Caesar, dass man sich einst explizit für die Möglichkeit eines Exils anstelle einer Hinrichtung für Bürger entschieden hat.
[5]: In seinem Plädoyer fordert Caesar u. a. eine Inhaftierung statt einer Hinrichtung der Gefangenen.

2. Arbeiten Sie anschließend aus dem Text heraus, welche Gründe Caesar gegen eine Hinrichtung der Verschwörer vorbringt und welches Strafmaß er vorschlägt.

- Gründe gegen die Hinrichtung:
  (1) Es besteht die Gefahr, dass eine neue Richtlinie (in diesem Fall die Hinrichtung römischer Bürger ohne Gerichtsurteil) später einmal missbraucht werden könnte.
  (2) Zudem hätten die Vorfahren ganz bewusst von der Todesstrafe abgesehen und das Exil für römische Bürger eingeführt.
- vorgeschlagenes Strafmaß: Einzug des Vermögens der Verschwörer und Haft in Landstädten

Best.-Nr. 024752

Die Catilinarische Verschwörung 63 v. Chr. – Darf man römische Bürger ohne Gerichtsurteil hinrichten? (Die Ansicht Catos)

Die Rede Caesars schien das Pendel zu Gunsten einer Nichthinrichtung der Catilinarier zu bewegen. Dann folgte aber eine Rede von Marcus Porcius Cato, mit der er letztlich die Stimmung wieder umschlagen ließ. Der Historiker Sallust gibt in seinem Werk zur Verschwörung des Catilina, das erst nach Caesars Tod (15.03.44 v. Chr.) geschrieben worden ist, diese Rede wie folgt wieder (Sall. Cat. 52):

Es geht nicht um Steuern und Kränkungen der Bundesgenossen: die Freiheit und unser Leben sind in Gefahr! [...] Aber ich lasse das. Es haben sich hochadlige Mitbürger verschworen, die Vaterstadt in Flammen aufgehen zu lassen; den Stamm der Gallier, den größten Feind des römischen Namens, rufen sie zum Kriege herbei; der Führer der Feinde ist mit einem Heer über euren Häuptern. Da zaudert ihr auch jetzt noch und schwankt, was ihr mit Feinden, die ihr innerhalb der Mauern ergriffen habt, machen sollt? Erbarmt euch [...] und entlasst sie, noch dazu bewaffnet! Dass sich euch eure Milde und euer Mitleid, wenn sie die Waffen ergriffen haben, nur nicht in Leid verwandelt! [...] Aber aus Lässigkeit und Weichheit des Herzens wartet ihr einer auf den anderen und zaudert, offenbar im Vertrauen auf die unsterblichen Götter, die diesen Staat oft schon in den größten Gefahren bewahrt haben. Nicht durch Gelübde und weibisches Flehen wird die Hilfe der Götter erworben; wenn man wachsam ist, handelt, richtig zu Rate geht, geht alles günstig aus. Wofern du dich der Trägheit und Feigheit überlässt, flehst du umsonst wohl die Götter an: sie sind zornig und feindselig. Bei unseren Vorfahren ließ Aulus Manlius Torquatus im Gallierkrieg seinen Sohn, weil der wider den Befehl gegen den Feind gekämpft hatte, töten, und jener außerordentliche Jüngling büßte für seine unbeherrschte Tapferkeit mit dem Tode; ihr zaudert, was ihr über die grausamen Hochverräter verhängen sollt? Offenbar steht ihr früheres Leben im Widerspruch zu diesem Verbrechen. [...] Wenn ihnen je etwas von Belang gewesen wäre, hätten sie nicht diese Pläne gegen den Staat gehabt! Endlich, Senatoren und Beigeordnete: bei Gott, wenn noch die Zeit wäre für einen Fehler, würde ich leicht zulassen, dass ihr durch die Sache selbst belehrt werdet, da ihr Worte ja geringschätzt. Aber wir sind von allen Seiten umstellt. Catilina sitzt uns mit einem Heer an der Kehle. Andere Feinde sind innerhalb der Mauern und im Herzen der Stadt; im Stillen lässt sich nichts dagegen rüsten und beraten. Umso mehr muss man eilen.

Deshalb meine ich so: da durch den ruchlosen Plan verbrecherischer Bürger der Staat in größte Gefahren gekommen ist und diese durch die Anzeige des Titus Volturcius und der Gesandten der Allobroger überführt und geständig sind, Mord, Brand und andere scheußliche und grausame Taten gegen ihre Mitbürger und das Vaterland vorbereitet zu haben, ist an den Geständigen wie an überwiesenen Schwerverbrechern nach Sitte der Vorfahren die Todesstrafe zu vollstrecken.

Gaius Sallustius Crispus: De coniuratione Catilinae. Die Verschwörung des Catilina. Lateinisch/Deutsch, übersetzt und herausgegeben von Karl Büchner, Stuttgart: Reclam, 1972, S. 81.85.87

1. a) Beschreiben Sie, wie Cato versucht, die Stimmung zugunsten einer Hinrichtung der Verschwörer kippen zu lassen.
   b) Analysieren Sie die Argumentationsstruktur Catos.
2. Vergleichen Sie, worin sich die Argumentationen von Caesar (AB 2 a) und Cato gleichen und unterscheiden.
3. Wahlaufgabe:
   a) Diskutieren Sie, welche Argumentation überzeugender ist.
   b) Verfassen Sie eine Rede, in der sie auf die Reden von Caesar und Cato eingehen und Ihren eigenen Standpunkt ausführen.

Best.-Nr. 024752

Die Catilinarische Verschwörung 63 v. Chr. – Darf man römische Bürger ohne Gerichtsurteil hinrichten? (Die Ansicht Catos)

1. a) Beschreiben Sie, wie Cato versucht, die Stimmung zugunsten einer Hinrichtung der Verschwörer kippen zu lassen.

- Dramatisierung der Lage: So spricht Cato z. B. davon, dass die Freiheit in Gefahr sei, dass Catilina sich mit dem größten Feind verbündet habe und den Senatoren und der Stadt an der Kehle sitze.
- Er spricht die Senatoren direkt an und kritisiert ihr Zaudern. Er wirft ihnen Lässigkeit und Weichheit vor.
- Zudem redet er ihnen ins Gewissen, indem er ihnen vor Augen führt, dass eine milde Reaktion später zu Leid führen könnte.

b) Analysieren Sie die Argumentationsstruktur Catos.

(1) Appell, dass Freiheit in Gefahr sei
(2) Kritik am Zaudern der Senatoren
(3) Blick auf die Vorfahren: Aulus Manlius ließ seinen Sohn für Ungehorsam töten
(4) Verweis darauf, dass keine Zeit mehr zum Taktieren da sei
(5) Plädoyer für die Ausführung der Todesstrafe nach Sitte der Vorfahren

2. Vergleichen Sie, worin sich die Argumentationen von Caesar (AB 2 a) und Cato gleichen und unterscheiden.

- Die Argumentationen gleichen sich in dem Punkt, als dass beide Redner versuchen, mithilfe des Verhaltens der Vorfahren zu argumentieren.
- Allerdings sind natürlich die Argumente, die im Zuge dessen genannt werden, verschieden.
- Ebenfalls ein deutlicher Unterschied ist, dass Cato die Senatoren direkt für ihr Verhalten tadelt und ihnen ebenso direkt ins Gewissen redet.

3. Wahlaufgabe:

a) Diskutieren Sie, welche Argumentation überzeugender ist.
Individuelle Aussagen der Schülerinnen und Schüler

b) Verfassen Sie eine Rede, in der sie auf die Reden von Caesar und Cato eingehen und Ihren eigenen Standpunkt ausführen.
Individuelle Lösungen der Schülerinnen und Schüler

Das 1. Triumvirat – Caesar, ein kluger Stratege?

Lucius Cassius Dio (ca. 163 – ca. 235 n. Chr.) stammte aus dem Osten Griechenlands und hatte eine glänzende politische Karriere absolviert, in deren Verlauf er Proprätor, Senator, zweimaliger Konsul und Statthalter von Pannonia superior und Dalmatia war. Daneben schrieb er ein umfassendes Werk über die römische Geschichte auf Griechisch (Ῥωμαϊκὴ ἱστορία), das heute nur teilweise überliefert ist. Im 37. Buch geht es u.a. um die Bildung des 1. Triumvirats im Jahre 60 v. Chr.

Cassius Dio (ca. 163 – ca. 235) über die Entstehung des 1. Triumvirates (Dio Cass. 37, 54 ff.)

[54.] Als Caesar nach Rom gekommen war und sich um das Konsulat bewarb, verstand er es, neben anderen besonders Pompeius und Crassus durch Gefälligkeit so für sich zu gewinnen, dass er beide, die damals noch in Feindschaft miteinander lebten, ihre eigenen Anhängerschaften hatten und einander in allem ... entgegenarbeiteten, für sich gewann und von ihnen allen einstimmig gewählt wurde ...

55. Allein er ging noch weiter und söhnte beide miteinander aus; nicht weil ihm so sehr an ihrer Eintracht lag, nein, er sah, dass sie alle Macht besaßen, und konnte nicht verkennen, dass er ohne den Bestand beider oder auch eines von ihnen nie zu Einfluss im Staate gelangen könne. Aber auch dann, wenn er den einen von ihnen für sich gewinnen sollte, musste er deswegen doch den andern zum Feinde haben und von ihm mehr Schaden als Nutzen von dem andern erwarten ...

56. ... Andererseits hatte er keine Bedenken, sie könnten bei ihrer Zusammenarbeit ihm überlegen werden; wusste er doch nur zu gut, dass er durch ihre Freundschaft sogleich mit allen andern fertig werden würde und über kurz oder lang, wenn er sie gegeneinander ausspielte, auch über sie selbst die Oberhand gewinnen würde. Und so kam es denn auch ... Pompeius und Crassus nahmen, nachdem sie sich – jeder aus eigenen Gründen – erst einmal miteinander verglichen hatten, gern auch jenen in ihre gemeinsamen Interessen auf. Pompeius nämlich konnte sich auf seine starke Stellung nicht so sehr verlassen, wenn er die bereits vorhandene Macht des Crassus und den zunehmenden Einfluss Caesars bedachte, ja, er musste fürchten, von ihnen ganz ausgeschaltet zu werden. So hoffte er, wenn er sie an seinen augenblicklichen Vorteilen beteiligte, seine alte Macht wiederzugewinnen. Dagegen beanspruchte Crassus auf Grund von Geburt und Reichtum über allen zu stehen; da er aber hinter Pompeius weit zurückblieb und an Caesars großen Aufstieg glaubte, wünschte er, beide in ein Gleichgewicht zu bringen und keinen von beiden übermächtig werden zu lassen; dabei hoffte er, während sich jene gleich starken Gegner bekämpften, selbst die Früchte aus dem Bunde beider zu ernten und höhere Ehre als beide zu erlangen. Denn genau genommen trieb er weder für die Menge noch für den Staat Politik; alles, was er tat, war auf die Begründung der eigenen Machtstellung berechnet. Deswegen umwarb er beide gleichmäßig und vermied jede feindliche Haltung gegen sie ...

Leonhard Tafel: Geschichte in Quellen. Band I: Altertum, München: Bayerischer Schulbuchverlag 1965, S. 511 f. (Nr. 480)

1. Stellen Sie in einem Schaubild das Verhältnis von Caesar, Crassus und Pompeius dar. Geben Sie dabei auch die Ziele an, die jeder mit dem Triumvirat verbunden hat.
2. Beurteilen Sie, welche Rolle Caesar bei der Entstehung des Triumvirates gespielt hat.
3. Untersuchen Sie, wer von den drei Triumvirn den meisten Nutzen vom Triumvirat hatte.

Das 1. Triumvirat – Caesar, ein kluger Stratege?

1. Stellen Sie in einem Schaubild das Verhältnis von Caesar, Crassus und Pompeius dar. Geben Sie dabei auch die Ziele an, die jeder mit dem Triumvirat verbunden hat.

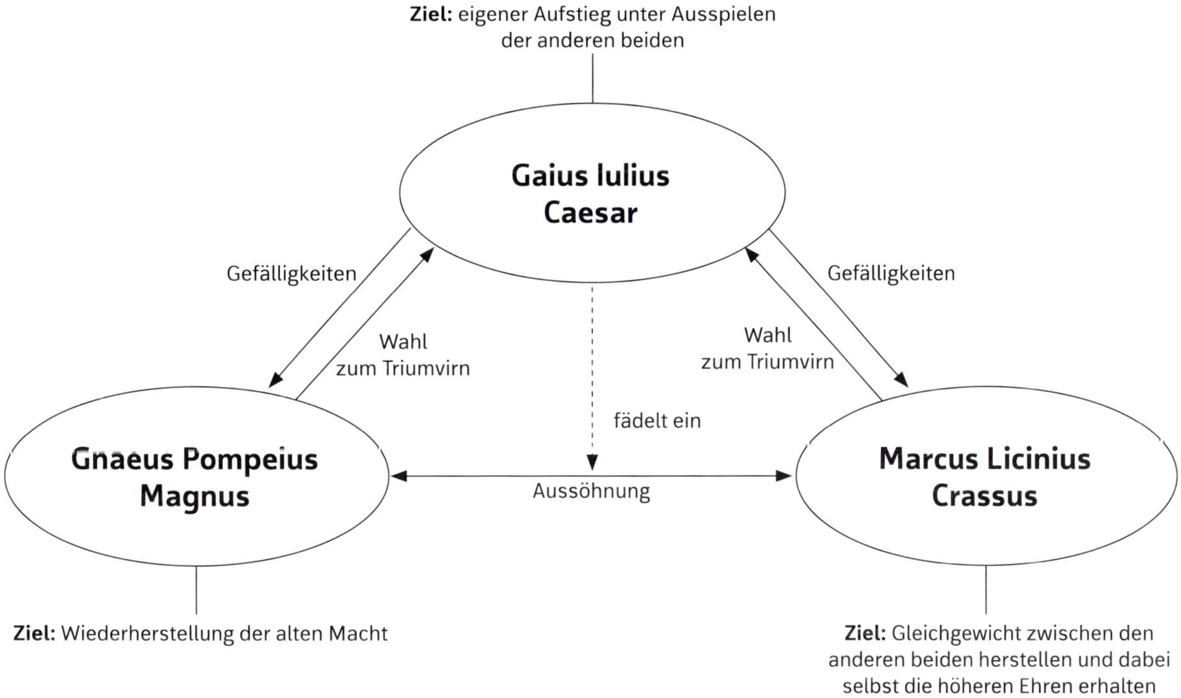

2. Beurteilen Sie, welche Rolle Caesar bei der Entstehung des Triumvirates gespielt hat.

- individuelles Schülerurteil, wobei folgende Punkte bedacht und genannt werden könnten:
  - Caesar spielte eine zentrale Rolle bei der Herausbildung des Triumvirates, weil er die Aussöhnung zwischen Pompeius und Crassus bewirkte, was die Grundlage für die Allianz war.
  - Außerdem strebte Caesar nach Macht, war aber von den dreien am unbekanntesten, weshalb er am meisten bestrebt war, dass es zum Dreierbündnis kommen werde.

3. Untersuchen Sie, wer von den drei Triumvirn den meisten Nutzen vom Triumvirat hatte.

Da Caesar der politisch schwächste von den drei Männern war, profitierte er am meisten von dem Bündnis, das ihn zu einem der großen 3 in Rom machte. Durch das Triumvirat gewann seine Karriere einen immensen Schub, die letztlich in seine Alleinherrschaft führen sollte.

Best.-Nr. 024752

Der Gallische Krieg – ein gerechter Krieg? (I)

Iulius Caesar beschreibt die Bitten einiger Gallier unter Wortführung von Diviciacus wegen der Herrschaft Ariovists über Teile Galliens (Caes. Gall. 1,31):

31. [...] und sie [= einige gallische Stammesführer] warfen sich alle unter Tränen Caesar zu Füßen: Sie bäten ebenso dringend darum, ihre Äußerungen geheimzuhalten wie ihren Wunsch zu erfüllen, weil sie im Fall einer Weitergabe den furchtbarsten Martern entgegensähen. Für alle führte der Häduer Diviciacus das Wort: In ganz Gallien gebe es zwei Parteien; die eine führten die Häduer an, die andere die Arverner. Nachdem beide viele Jahre erbittert um die Vormacht gekämpft hätten, sei es dahin gekommen, dass die Arverner und Sequaner Germanen für Sold anwarben. Von diesen seien anfangs etwa 15000 über den Rhein gekommen; als jedoch diese unkultivierten und rohen Menschen Felder, Kultur und Wohlstand Galliens schätzen gelernt hatten, seien immer mehr gefolgt, und derzeit seien es in Gallien schon hundertzwanzigtausend. Mit diesen hätten die Häduer und ihr Anhang wiederholt Krieg geführt, seien mit schweren Verlusten unterlegen, hätten ihren gesamten Adel, den ganzen Rat und alle Reiter eingebüßt. Durch diese Niederlagen seien sie gebrochen, und die Häduer, einst durch ihre Tapferkeit, ihre enge Verbindung und Freundschaft mit dem römischen Volk die Vormacht Galliens, seien gezwungen worden, den Sequanern die Edelsten ihres Stammes als Geiseln zu geben. Sie mussten sich auch eidlich verpflichten, weder die Geiseln zurückzufordern noch das römische Volk um Hilfe zu bitten noch jemals gegen die dauernde Beherrschung und Knechtung durch die Germanen auch nur Einspruch zu erheben. Er allein im ganzen Häduerstamm habe sich nie bereitgefunden, zu schwören oder seine Kinder als Geiseln zu stellen. Deshalb musste er aus seinem Stamm fliehen und habe in Rom beim Senat Hilfe gesucht, denn ihn allein bänden weder Eid noch Geiseln. Doch noch schlimmer als den besiegten Häduern sei es den siegreichen Sequanern ergangen, weil sich der Germanenkönig Ariovist in ihrem Land festgesetzt, ein Drittel der Fläche der Sequanerflur, der besten von ganz Gallien, weggenommen habe und derzeit die Sequaner vom zweiten Drittel vertreibe, weil vor ein paar Monaten 24000 Haruden zu ihm stießen, für die er Wohnsitze beschaffe. In wenigen Jahren werde es so weit kommen, dass sie alle aus Gallien vertrieben würden und alle Germanen über den Rhein kämen: Der germanische Boden könne es nämlich nicht mit dem gallischen aufnehmen, noch halte die germanische Lebensweise den Vergleich mit der hiesigen aus. Ariovist aber, seitdem er erst einmal ein gallisches Heer besiegt habe (die Schlacht sei bei Magetobriga gewesen), herrsche tyrannisch und grausam, fordere die Kinder des höchsten Adels als Geiseln und verhänge über sie zur Abschreckung die ausgesuchtesten Martern, wenn etwas nicht sofort nach seinem Wink und Willen geschehe. Er sei ein Barbar, jähzornig und unberechenbar, und sie könnten seine Tyrannei nicht länger ertragen. Komme nun keine Hilfe von Caesar und dem römischen Volk, müssten alle Gallier dasselbe tun wie die Helvetier, nämlich auswandern, um eine neue Heimat und andere Wohnsitze, fern von den Germanen, zu suchen und jedes Schicksal, wie es nur komme, ertragen. Erführe Ariovist von dieser Unterredung, so würde er ohne Zweifel alle Geiseln, die bei ihm seien, grausam hinrichten lassen. Caesar sei es, der durch das Ansehen seiner Persönlichkeit und seines Heeres, durch den frisch errungenen Sieg oder den Ruhm des römischen Volkes die Germanen davon abschrecken könne, noch mehr Menschen über den Rhein zu führen, und Caesar könne auch ganz Gallien vor Ariovists Übergriffen bewahren.

Caesar. Der Gallische Krieg, hrsg. und übersetzt von Otto Schönberger, Düsseldorf/Zürich: Artemis & Winkler, 2004, S.25 – 27

1. Geben Sie an, weshalb die Germanen nach Gallien kamen und nicht wieder weggegangen sind.

2. Schildern Sie, wie Ariovists Herrschaft beschrieben wird. Geben Sie außerdem an, welche Gebiete er eingenommen hat und was er von den Galliern verlangt hat.

3. Entwickeln Sie anhand der Rede des Diviciacus Gründe, die Caesar für eine militärische Einmischung anführen könnte. Wichtig: Behalten Sie im Hinterkopf, dass es den Römern sehr wichtig war, einen aus ihrer Sicht gerechten Krieg (*bellum iustum*) zu führen.

Best.-Nr. 024752

Der Gallische Krieg – ein gerechter Krieg? (I)

1. Geben Sie an, weshalb die Germanen nach Gallien kamen und nicht wieder weggegangen sind.
   - Die Germanen kamen nach Gallien, weil die Sequaner sie um Hilfe im Kampf gegen die Häduer gebeten hätten.
   - Die Germanen blieben in Gallien, weil der Boden in Germanien schlechter sei als der in Gallien und die Lebensweise der Gallier besser sei.

2. Schildern Sie, wie Ariovists Herrschaft beschrieben wird. Geben Sie außerdem an, welche Gebiete er eingenommen hat und was er von den Galliern verlangt hat.
   - Ariovist herrsche tyrannisch.
   - Er habe zunächst ein Drittel des Gebietes der Sequaner beansprucht.
   - Durch das Kommen der Haruden würden die Sequaner aus einem weiteren Drittel ihres Gebietes vertrieben werden.
   - Ariovist habe sich die Kinder der höchsten Adligen Galliens als Geiseln geben lassen und er lasse sie foltern, sofern seine Wünsche nicht schnell genug erfüllt würden.

3. Entwickeln Sie anhand der Rede des Diviciacus Gründe, die Caesar für eine militärische Einmischung anführen könnte. Wichtig: Behalten Sie im Hinterkopf, dass es den Römern sehr wichtig war, einen aus ihrer Sicht gerechten Krieg (*bellum iustum*) zu führen.
   - Da die Häduer Freunde der Römer sind und schon den Senat um Hilfe gebeten haben, würde man durch ein militärisches Einschreiten einem Bündnispartner zu Hilfe kommen.
   - Es besteht außerdem die Gefahr, dass es zu einer Wanderungsbewegung verschiedener Volksstämme kommen wird, die womöglich auch in das Gebiet der Römer einfallen können. Insofern würde ein militärisches Eingreifen zur Sicherung der römischen Grenze dienen.

Best.-Nr. 024752

Der Gallische Krieg – ein gerechter Krieg? (II)

Iulius Caesar beschreibt seine Reaktion auf die zuvor von Diviciacus getätigten Schilderungen über die Herrschaft des Ariovist über Teile Galliens (Caes. Gall. 1,33):

33. Als Caesar dies hörte, sprach er den Galliern Mut zu und versprach, er werde sich ihrer Sache annehmen und hoffe zuversichtlich, Ariovist werde sich durch Caesars frühere gute Dienste und sein Ansehen von weiteren Übergriffen abbringen lassen. Damit entließ er die Versammlung. Neben den genannten Tatsachen bestimmten ihn viele andere Gründe dazu, die Sache zu überdenken und zu der seinen zu machen, besonders, dass er die Häduer, vom Senat mehrfach als ‚Brüder' und ‚Blutsfreunde' anerkannt, von den Germanen versklavt und geknechtet sah und hörte, dass Geiseln von ihnen in der Gewalt des Ariovist und der Sequaner seien; angesichts der Größe des römischen Reiches sah er dies als schwere Schande für seine Person und den Staat an. Dass zudem die Germanen sich langsam daran gewöhnten, den Rhein zu überschreiten, und massenhaft nach Gallien kämen, erschien ihm als Gefahr für das römische Volk, und er glaubte, diese wilden Barbaren würden nach der Besetzung von ganz Gallien ebenso gewaltsam wie einst die Kimbern und Teutonen in die Provinz einfallen und von dort nach Italien vordringen, da ja nur der Rhodanus das Sequanerland von unserer Provinz trennt; dieser Gefahr musste man, so glaubte er, unverzüglich begegnen. Auch war Ariovist derart hochmütig und anmaßend geworden, dass es unerträglich schien.

Caesar. Der Gallische Krieg, hrsg. und übersetzt von Otto Schönberger, Düsseldorf/Zürich: Artemis & Winkler, 2004, S.27 f.

Gaius Iulius Caesar (100 – 44 v. Chr.) war nicht nur ein erfolgreicher römischer Feldherr und Politiker am Ende der römischen Republik, der Diktator wurde und einem Attentat zum Opfer fiel. Caesar verfasste u. a. auch die sogenannten Commentarii de bello Gallico (z. Dt. Kommentare über den gallischen Krieg). In sieben Büchern (das 8. wurde von seinem Offizier Aulus Hirtius geschrieben) beschreibt Caesar die Geschehnisse des Krieges gegen die Gallier, den er 58 – 51 führte und mit der Eroberung Galliens beschließen konnte.

1. Arbeiten Sie aus der zitierten Stelle diejenigen Gründe heraus, die Caesar für ein Eingreifen zugunsten der Gallier anführt. Überlegen Sie sich, welche dieser Gründe – da die Verhandlungen mit Ariovist scheitern – einen *bellum iustum* (gerechten Krieg) aus Sicht der Römer zu legitimieren versuchen könnten.

2. Diskutieren Sie, ob ein militärisches Eingreifen durch Caesar in diesem Fall gerechtfertigt ist.

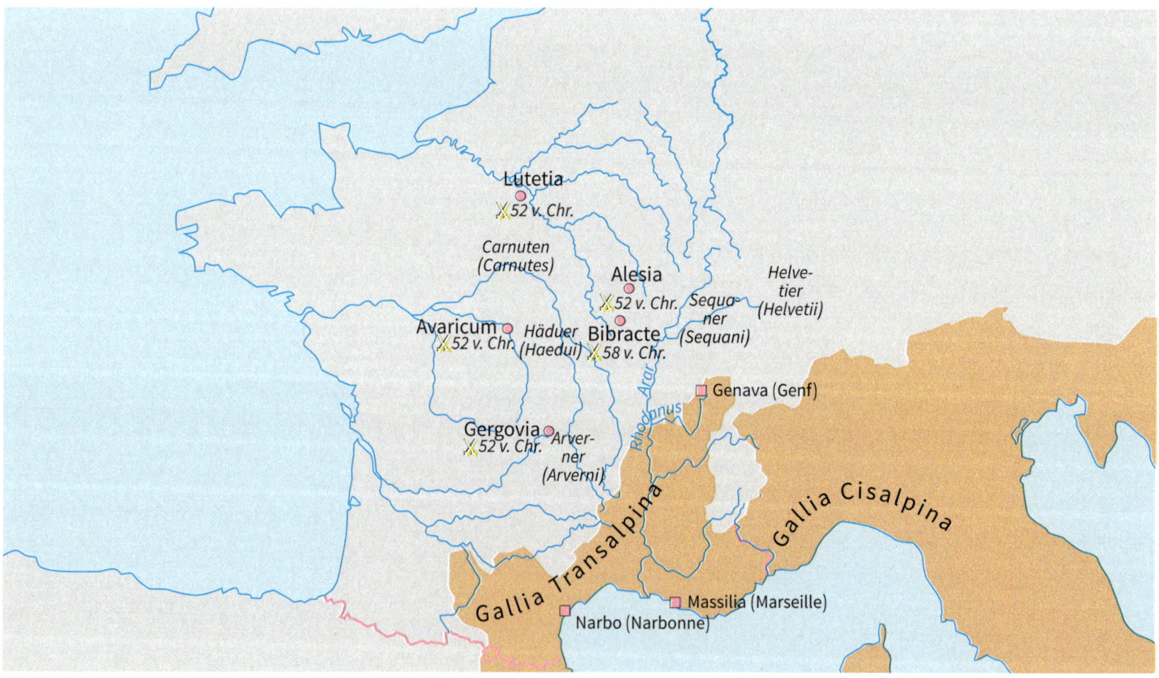

Franz-Josef Domke, Hannover

Der Gallische Krieg – ein gerechter Krieg? (II)

1. Arbeiten Sie aus der zitierten Stelle diejenigen Gründe heraus, die Caesar für ein Eingreifen zugunsten der Gallier anführt. Überlegen Sie sich, welche dieser Gründe – da die Verhandlungen mit Ariovist scheitern – einen *bellum iustum* (gerechten Krieg) aus Sicht der Römer zu legitimieren versuchen könnten.

- frühere gute Beziehungen zu Ariovist (Hoffnung, dass Ariovist sich deswegen kooperativ zeigt)
- Häduer sind Freunde der Römer.
- Demzufolge wäre ein Unterlassen von Hilfe eine Schande für den römischen Staat und für Caesar selbst.
- Gefahr für das Imperium, dass Germanen auch ins römische Staatsgebiet einfallen könnten.
- unerträglicher Charakter von Ariovist
- Gerade die Punkte, dass die Häduer Freunde der Römer seien sowie die Gefahr bestehe, dass die Germanen in das römische Gebiet einfallen könnten, sollen einen *bellum iustum* legitimieren.

2. Diskutieren Sie, ob ein militärisches Eingreifen durch Caesar in diesem Fall gerechtfertigt ist.
individuelle Lösungen der Schülerinnen und Schüler, beispielhaft seien folgende Argumente genannt:
pro militärisches Eingreifen: Die Häduer sind Freunde der Römer und als solche sollten die Römer ihnen auch beistehen und Hilfe leisten. Das wäre auch sehr wichtig, damit die Häduer nicht abfallen und Rom an Ansehen und Autorität verliert.
contra militärisches Eingreifen: Eine militärische Beteiligung hat zu diesem Zeitpunkt offensichtlich keine Erlaubnis durch den Senat. Würde Caesar also einen Krieg durchführen, wäre das illegal. Außerdem könnte ein Kampf gegen die Germanen auch als Angriffskrieg gesehen werden.

Best.-Nr. 024752

Der Gallische Krieg – Wie werden Nichtrömer wahrgenommen? (Gallier)

In seinen Schilderungen zum Gallischen Krieg geht Caesar nicht immer nur auf die Beschreibung des Kriegszuges und der Schlachten ein. So beschreibt er im sechsten Buch u. a. die Gallier ausführlich. Der folgende Textauszug (Caes. Gall. 6, 13 – 15) ist diesem Gallierexkurs entnommen.

13. In ganz Gallien gibt es zwei Klassen von Menschen, die wirklich zählen und Ansehen besitzen. Die Menge nämlich wird beinahe behandelt wie Sklaven, wagt nichts von sich aus, wird zu keiner Beratung beigezogen. Da die meisten durch Schulden, hohe Abgaben oder Übergriffe der Mächtigen bedrückt werden, begeben sie sich in Abhängigkeit. Die Adeligen können dann mit ihnen ebenso umgehen wie ein Heer mit seinen Sklaven. Von den erwähnten zwei Klassen aber sind die eine die Druiden, die andere die Ritter. Die Druiden gestalten den Kult, besorgen die öffentlichen und privaten Opfer, legen die religiösen Vorschriften aus. Bei ihnen sucht eine große Zahl junger Männer ihre Ausbildung, und sie stehen bei den Galliern in hohem Ansehen. Sie nämlich entscheiden fast allen öffentlichen und privaten Streit, und auch wenn ein Verbrechen begangen ist, ein Mord geschehen, wenn über eine Erbschaft oder Grenze Streit herrscht, fällen sie das Urteil und setzen Belohnungen und Strafen fest. Fügt sich ein einzelner oder ein Stamm ihrem Spruch nicht, so schließen sie ihn von den Opfern aus. Diese Strafe ist für Gallier die schlimmste, denn wer mit diesem Bann belegt ist, gilt als Frevler und Verbrecher, alle gehen ihm aus dem Weg und fliehen Begegnung und Gespräch, um sich durch die Berührung kein Unheil zuzuziehen. [...] Die Druiden sitzen zu einer bestimmten Jahreszeit im Gebiet der Karnuten, das als die Mitte ganz Galliens gilt, an einem geweihten Ort zu Gericht. Dort kommen von überall her alle zusammen, die Streitigkeiten haben, und beugen sich ihrem Spruch und Urteil. [...]
14. Die Druiden nehmen gewöhnlich nicht am Krieg teil, zahlen auch nicht Steuern wie alle anderen, sind frei vom Kriegsdienst und allen Lasten. [...]
15. Den zweiten Stand bilden die Ritter. Wenn es die Not erfordert und ein Krieg ausbricht (dies geschah vor Caesars Ankunft ziemlich regelmäßig Jahr um Jahr, weil sie entweder selbst andere angriffen oder Übergriffe abwehrten), ziehen sie alle ins Feld, und je vornehmer und vermögender einer ist, desto mehr Dienstleute und Klienten hat er um sich. Nur dieses Zeichen von Einfluss und Macht kennen sie.

Caesar. Der Gallische Krieg, hrsg. und übersetzt von Otto Schönberger, Düsseldorf/Zürich: Artemis & Winkler 2004, S.143 f.

1. Entwickeln Sie anhand der zitierten Stelle ein Gesellschaftsschaubild der gallischen Gesellschaft. Anmerkung: Im Text wird nicht genannt, dass jeder Gallierstamm auch einen Häuptling hat, den Sie im Schaubild beachten sollten.
2. Beschreiben Sie, welche Machtkompetenzen und ggfs. Privilegien jede der Bevölkerungsschichten hatte.

Best.-Nr. 024752

Der Gallische Krieg – Wie werden Nichtrömer wahrgenommen? (Gallier)

1. Entwickeln Sie anhand der zitierten Stelle ein Gesellschaftsschaubild der gallischen Gesellschaft. Anmerkung: Im Text wird nicht genannt, dass jeder Gallierstamm auch einen Häuptling hat, den Sie im Schaubild beachten sollten.

2. Beschreiben Sie, welche Machtkompetenzen und ggfs. Privilegien jede der Bevölkerungsschichten hatte.
   - Da der Häuptling nicht im Text genannt wird, sei über ihn an dieser Stelle nichts Weiteres gesagt.
   - Druiden:
     Sind für das Religiöse zuständig (Kult, Opferungen);
     urteilen in privaten und öffentlichen Streitfällen und setzen die Strafen fest;
     sie sind vom Kriegsdienst befreit
     und müssen keine Steuern zahlen.
   - Ritter:
     Sind als Soldaten tätig.
   - Die Menge hat weder Privilegien noch Machtkompetenzen.

Best.-Nr. 024752

Der Gallische Krieg – Wie werden Nichtrömer wahrgenommen? (Germanen)

In seinem Schilderungen zum Gallischen Krieg geht Caesar nicht immer nur auf die Beschreibung des Kriegszugs und der Schlachten ein. So beschreibt er im sechsten Buch u.a. die Germanen ausführlich. Der folgende Textauszug (Caes. Gall. 6, 21–23) ist diesem Germanenexkurs entnommen.

21. Die Germanen haben ganz andere Einrichtungen. Denn weder kennen sie Druiden, die dem Kult vorstehen, noch sind sie um Opfer bemüht. Unter die Götter rechnen sie nur die, die sie mit Augen sehen und durch deren Hilfe sie sich spürbar unterstützt fühlen: Sonne, Feuergott und Mond; die übrigen kennen sie nicht einmal vom Hörensagen. Ihr ganzes Leben dreht sich um Jagd und Krieg; von klein auf streben sie nach Ausdauer und Härte. Wer möglichst spät mannbar geworden ist, erhält von seiner Umgebung das größte Lob, meinen sie doch, Enthaltsamkeit bringe großen Wuchs und stähle die Muskelkraft. Vor dem zwanzigsten Jahr aber mit einer Frau zu schlafen gilt ihnen als größte Schande. Im Geschlechtlichen gibt es keine Geheimnistuerei, weil sie gemeinsam in den Flüssen baden und nur Felle oder kurze Pelzkleider tragen, die den Körper zum größten Teil nackt lassen.

22. Ackerbau treiben sie mit wenig Eifer und ernähren sich hauptsächlich von Milch, Käse und Fleisch. Auch hat niemand ein bestimmtes Stück Land oder eigenen Grundbesitz, sondern Stammesführung und maßgebliche Männer teilen jährlich den Familien- und Verwandtschaftsverbänden und anderen Genossenschaften ein angemessenes Feldstück dort zu, wo man es für richtig hält, zwingen sie aber im nächsten Jahr, anderswohin zu gehen. Für dieses Verfahren bringen sie viel Gründe bei: Sie wollen nicht, von der Gewöhnung an Sesshaftigkeit verführt, die Kriegslust durch das Interesse am Feldbau verlieren, wollen auch nicht große Güter erwerben, wobei die Mächtigeren die Armen aus ihrem Besitz verdrängten; auch wollen sie nicht zum Schutz vor Kälte oder Hitze allzu sorgsam bauen; weiterhin soll keine Geldgier entstehen, die Quelle von Parteiungen und Zwist; schließlich will man das Volk durch Zufriedenheit in Ordnung halten, wenn jeder sieht, dass selbst die Mächtigsten nicht mehr besitzen als er.

23. Der größte Ruhm eines Stammes besteht darin, dass möglichst alles weit und breit um ihn herum verwüstet und zur Einöde gemacht ist. Es gilt ihnen als echter Beweis von Tapferkeit, wenn die Nachbarn ihre Felder verlassen und zurückweichen und niemand es wagt, in ihrer Nähe zu wohnen. Zugleich fühlen sie sich so sicherer, weil sie keinen plötzlichen Überfall zu befürchten haben. Wenn der Stamm einen Verteidigungs- oder Angriffskrieg führt, wählt er Führer, die in diesem Krieg Befehlshaber sein und Macht über Leben und Tod haben sollen. Im Frieden gibt es keine allgemeine Regierung, sondern die führenden Männer der einzelnen Teilgebiete und Gaue sprechen Recht unter den Ihren und legen Streitigkeiten bei. [...]

Caesar. Der Gallische Krieg, hrsg. und übersetzt von Otto Schönberger, Düsseldorf/Zürich: Artemis & Winkler 2004, S.147 f.

1. Stellen Sie die wichtigsten Kennzeichen der Germanen nach Caesar zusammen.
2. Vergleichen Sie die Kennzeichen der Germanen mit denen der Gallier (AB 4c) und ziehen Sie ein Fazit, ob Caesar alle auswärtigen Völker gleich wahrnimmt.

Der Gallische Krieg – Wie werden Nichtrömer wahrgenommen? (Germanen)

1. Stellen Sie die wichtigsten Kennzeichen der Germanen nach Caesar zusammen.
   - Jagd und Krieg seien zentral.
   - Männer sollen lange enthaltsam sein, weil es sie mannbarer mache.
   - Es gebe keine Geheimnisse, was das Geschlechtliche betrifft.
   - Ackerbau werde nicht gerne betrieben.
   - Germanen würden sich vor allem von Milch, Käse, Fleisch ernähren.
   - Germanen seien nicht sesshaft und würden deshalb auch keinen Grundbesitz haben.
   - Generell sollten alle Mitglieder eines Stammes in etwa gleich viel besitzen.
   - Ein verwüstetes Umland werde als Ruhm angesehen.
   - Es gebe keine allgemeine Regierung, sondern nur Anführer im Kriegsfall.

2. Vergleichen Sie die Kennzeichen der Germanen mit denen der Gallier (AB 4c) und ziehen Sie ein Fazit, ob Caesar alle auswärtigen Völker gleich wahrnimmt.
   - Es gibt viele Unterschiede zwischen den beiden Völkern:
     - Germanen hätten keine Druiden und würden keinen Wert auf Opfer legen.
     - Gallier seien im Gegensatz zu Germanen sesshaft.
     - Gallier würden über Grundbesitz verfügen und hätten auch untereinander einen verschieden großen Besitz.
     - Bei den Galliern würden Druiden Streitfälle regeln, bei den Germanen seien dies die Stammesführer.
   - Als Fazit lässt sich festhalten, dass Caesar Nichtrömer nicht alle gleich sieht.

Best.-Nr. 024752

Teste dein Wissen

1. Tragen Sie in den Zahlenstrahl die richtige Reihenfolge der darunter genannten Ereignisse ein.

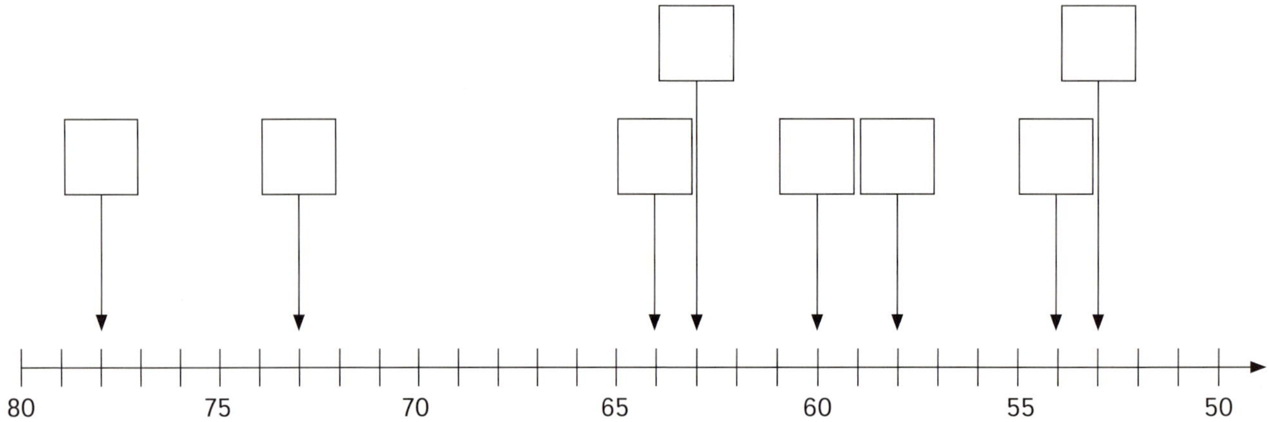

Liste der Ereignisse:

1	Wahl Ciceros zum Konsul	**5**	Bildung des 1. Triumvirates
2	Tod von Iulia, der Tochter Caesars	**6**	Tod des Crassus
3	Tod Sullas	**7**	Spartacusaufstand bricht aus
4	Ausbruch des Gallischen Krieges	**8**	Catilinarische Verschwörung

2. Am 08.11. seines Konsulatsjahres hielt Marcus Tullius Cicero eine Rede im Senat, in der er die Catilinarische Verschwörung aufdeckte. An diesem Tag war auch Catilina im Senat zu Gast. Folgendes spricht der Konsul dabei (Cic. Cat. 1,2):

Oh Zeiten, oh Sitten! Der Senat erkennt dies. Der Konsul sieht es; dennoch lebt dieser [= Catilina]. Er lebt? Ja sogar kommt er auch in den Senat, wird Teilnehmer der Senatssitzung, bezeichnet und kennzeichnet einen jeden von uns zum Tod. Wir aber, mutige Männer, scheinen genug für den Staat zu tun, wenn wir der Raserei und den Waffen von diesem da ausweichen. Es gehörte sich, dass du, Catilina, schon eher auf Befehl des Konsuls zum Tode geführt worden wärest, auf dich das Unheil übertragen worden wäre, das du gegen uns [alle schon längst] ausgedacht hast.

Autorentext/Übersetzung von Andreas Sanfilippo basierend auf dem lateinischen Text aus https://www.thelatinlibrary.com/cicero/cat1.shtml [07.10.2020].

a) Geben Sie die Haltung Ciceros zu Catilina in eigenen Worten wieder.

b) Schildern Sie, welche Debatte es im Senat bzgl. des Umgangs mit den gefangen genommenen Verschwörern gab, und erläutern Sie, welche Argumente die jeweilige Seite hervorgebracht hat.

Teste dein Wissen

1. Tragen Sie in den Zahlenstrahl die richtige Reihenfolge der darunter genannten Ereignisse ein.

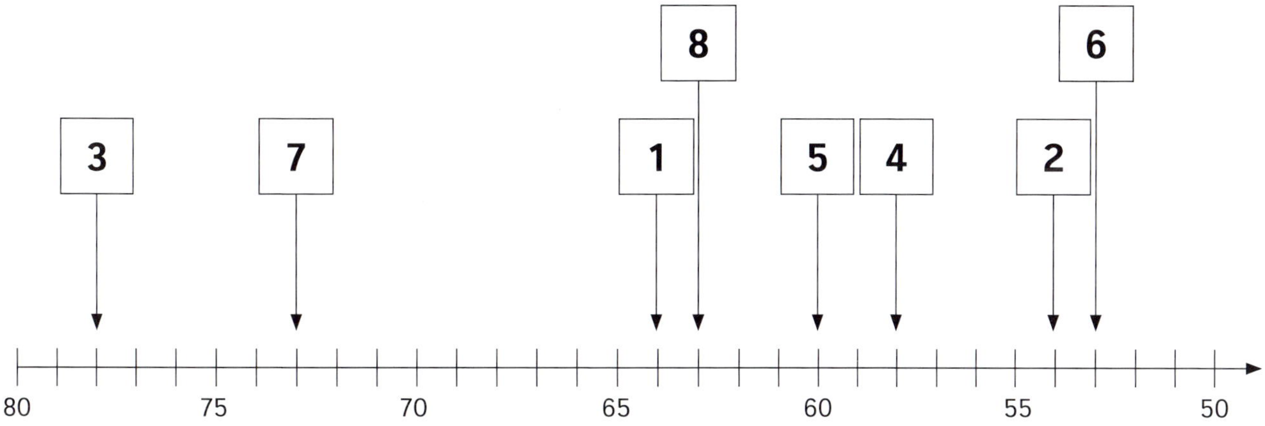

2. a) Geben Sie die Haltung Ciceros zu Catilina in eigenen Worten wieder.

Cicero stellt sich ganz klar gegen Catilina. Er ist der Ansicht, dass Catilina schon längst hätte hingerichtet werden müssen.

b) Schildern Sie, welche Debatte es im Senat bzgl. des Umgangs mit den gefangen genommenen Verschwören gab, und erläutern Sie, welche Argumente die jeweilige Seite hervorgebracht hat.

Es gab eine große Debatte im Senat bezüglich der Frage, ob die verhafteten Verschwörer hingerichtet werden sollen oder nicht. Als zentrale Redner der jeweiligen Positionen taten sich auf der einen Seite Gaius Iulius Caesar und auf der anderen Marcus Porcius Cato hervor.

Caesar sprach sich gegen die Todesstrafe aus. Dies begründete er unter anderem mit einem Verweis auf die Vorfahren, die einst ganz bewusst das Exil als Strafform eingeführt hatten. Zudem warnte Caesar davor, dass eine neue politische Verfahrensweise gegen die Verschwörer später einmal von Politikern missbraucht werden könnte.

Cato wiederum war ein Verfechter der Todesstrafe und wies darauf hin, dass die Situation keine andere Option erlaube. Er warnte eindringlich davor, dass ein Verschonen der Verschwörer zu Leid führen könnte. Auch er verwies auf die Vorfahren und stellte dar, dass es in anderen Fällen bereits Todesurteile für Ungehorsam gegeben habe.

Best.-Nr. 024752

Baustein 4

Caesars Griff auf die Alleinherrschaft und seine Diktatur

Überblick

Der vierte Baustein setzt beim Bürgerkrieg zwischen Gaius Iulius Caesar und Gnaeus Pompeius Magnus an (49 – 45 v. Chr.) und endet mit der Ermordung Caesars (15.03.44) und blickt somit auch auf die Zeit der caesarischen Diktatur. Dies ist der vorletzte Schritt, bevor es final zum Ende der römischen Republik und der Errichtung des Prinzipats durch Augustus kommt. In diesem Baustein gibt es die folgenden Arbeitsblätter:

Arbeitsblätter 1 a/b S. 66 – 67

- Als erstes soll es um den Bürgerkrieg zwischen Caesar und Pompeius gehen. In den beiden Arbeitsblättern, die unter der Leitfrage **Der Bürgerkrieg zwischen Caesar und Pompeius – Wer steht sich eigentlich gegenüber?** stehen, soll zum einen auf die Senatspartei (**AB 1 a**) und zum anderen auf Caesar (**AB 1 b**) geblickt werden.

Arbeitsblatt 2 S. 69

- Im Anschluss daran steht die Beschäftigung mit einem sehr markanten Element der Politik Caesars im Fokus, nämlich der sogenannten *clementia Caesaris*. In diesem Arbeitsblatt steht die Leitfrage **Die clementia Caesaris – ein Erfolgsrezept? (AB 2)** im Vordergrund.

Arbeitsblatt 3 S. 71

- Es folgt ein Blick auf die innenpolitischen Veränderungen und Pläne unter Caesar. Die Leitfrage lautet: **Caesars Innenpolitik – Wie veränderte Caesar den Staat? (AB 3)**

Arbeitsblätter 4 a – c S. 73 + 75 + 77

- Den Abschluss des vierten Bausteins bilden mehrere Arbeitsblätter zur Ermordung Caesars. Hierbei gibt es zwei verschiedene Leitfragen, die betrachtet werden sollen. Die erste Leitfrage für die **AB 4 a** und **4 b** lautet: **Die Ermordung Caesars – Warum musste Caesar sterben?** Hierbei soll einmal auf einen antiken Bericht und einmal auf eine moderne Sicht geblickt werden. Im Arbeitsblatt **4 c** steht die Frage im Vordergrund: **Die Ermordung Caesars – Wie musste Caesar sterben?**

Sachanalyse

Der Weg in den Bürgerkrieg

Mit dem Sieg Caesars über die Gallier zeigte sich, dass Caesar nicht nur politisch, sondern mittlerweile auch militärisch einiges an Gewicht erlangt hatte. Diese Zunahme der Macht wurde zum Problem beim Verhältnis zwischen ihm und Pompeius. Schon seit 54 verschlechterte sich die Beziehung zwischen den Triumvirn. In jenem Jahr starb nämlich Iulia, die Tochter Caesars und Frau des Pompeius, und im folgenden Jahr wurde aus dem Triumvirat durch den Tod von Crassus bei einem Feldzug im Osten ein *Duovirat*. Die Gegner Caesars im Senat witterten nun ihre Chance, um das Bündnis der beiden Männer zu sprengen: Sie umgarnten Pompeius und boten ihm das alleinige Konsulat an, das dieser annahm und damit offen zum Gegner Caesars avancierte – der letzte Rest des Triumvirates war also zersprengt.

Caesars Gegner machten noch vor dem Ende des Feldzuges in Gallien klar, dass sie Caesar für sein Vorgehen in Gallien vor Gericht stellen möchten. Dieser hoffte, Immunität durch ein erneutes Konsulat zu erhalten, doch dazu hätte er nach Rom kommen und zuvor seinen Oberbefehl über die Truppen abgeben müssen. Dazu war er freilich nicht bereit, wusste er doch nur zu gut, dass man ihn sofort verhaften würde. In dieser Situation gab es für Caesar als Alternative den bewaffneten Bürgerkrieg gegen Pompeius und die Senatsmehrheit, die er auch ergriff und mit dem Übertritt über den Rubicon Anfang 49 besiegelte.

Der Bürgerkrieg gegen Pompeius

Pompeius und die Senatsmehrheit flohen nach Griechenland, Caesar nahm Italien kampflos ein und konzentrierte sich zunächst auf die Zerschlagung der pompejanischen Truppen in Spanien. Dann folgte in Griechenland die entscheidende Schlacht, nämlich jene bei Pharsalos am 09.08.48. Caesar siegte, Pompeius floh nach Ägypten, wo er bald darauf enthauptet wurde (28.09.), und die Senatoren auf Seiten des Pompeius mussten sich geschlagen geben – Caesar hatte nun alle Trümpfe in der Hand.

Alexandrinischer Krieg und Kleopatra

Nach dem Sieg bei Pharsalos mischte sich Caesar in den Thronfolgestreit in Ägypten ein: Im Alexandrinischen Krieg unterstützte er die Ansprüche von Kleopatra gegen ihren Bruder Ptolemaios XIII. Dieser alles andere als ungefährliche Feldzug verlief letzten Endes erfolgreich aus Sicht von Caesar: Kleopatra konnte sich durchsetzen und Königin werden; Ptolemaios XIII. ertrank auf der Flucht im Nil. Die Verbindung zwischen Caesar und Kleopatra war zugleich weitaus mehr als eine rein militärische. 47 v. Chr. wurde Caesarion, der Sohn von Caesar und Kleopatra, geboren.

weitere Feldzüge Caesars

In der Folge kam es zu weiteren Feldzügen: Bei einem fünftägigen Feldzug wurde im Jahre 47 Pharnakes II. von Pontos besiegt, wobei Caesar diesen Sieg in Windeseile mit den berühmten Worten *veni, vidi, vici* kommentiert haben soll. In den beiden darauffolgenden Jahren kämpfte er mit seinen Truppen gegen die restlichen Anhänger des Pompeius, die besiegt werden konnten (am 06.04.46 Sieg bei Thapsus gegen ein Heer des Metellus Scipio und am 17.03.45 Sieg in der Schlacht von Munda gegen Gnaeus Pompeius, einem Sohn von Pompeius, und Titus Labienus).

Diktatur und Ermordung

In der Zwischenzeit wurde er 46 zum Diktator auf 10 Jahre ernannt, Anfang 44 v. Chr. wurde daraus die Diktatur auf Lebenszeit. Mit dieser lebenslänglichen Diktatur wurde klar, dass Caesar eine Rückkehr zur alten Ordnung nach seinem Sieg über die Anhänger des Pompeius nicht anstrebte. Hartnäckig hielten sich außerdem Gerüchte, dass Caesar die Königsherrschaft anstreben würde – am 12.02.44 trat Caesar auf dem Lupercalienfest in Königstracht auf, wies aber das Königsdiadem demonstrativ zurück. Unabhängig davon, inwiefern Caesar nun wirklich König werden wollte, hatten sich einige Republikaner schließlich verschworen, um durch Caesars Ermordung die Republik zu retten – zumindest war dies ihre Hoffnung.
Die Zeit drängte, schließlich plante Caesar bereits einen Feldzug gegen die Parther, um den Tod von Crassus zu rächen. Zu diesem Feldzug kam es aber nicht: Am 15.03.44, den berühmt berüchtigten Iden des Märzes, wurde Gaius Iulius Caesar im Senat von einer Verschwörergruppe um Marcus Iunius Brutus erdolcht. Aus der erhofften Rettung der Republik wurde jedoch nichts, das zeigte sich schon bald.

Methodisch-didaktische Analyse

In den ersten beiden Arbeitsblättern des Bausteins sollen sich die Schülerinnen und Schüler genauer mit dem Bürgerkrieg zwischen Caesar und Pompeius auseinandersetzen, wobei es darum geht, dass die Lernenden herausarbeiten und verstehen, welche Gruppen sich gegenüberstanden. Deswegen lautet die Leitfrage für beide Arbeitsblätter auch **Der Bürgerkrieg zwischen Caesar und Pompeius – Wer steht sich eigentlich gegenüber?** Die Arbeitsblätter sind dabei so konzipiert, dass im **AB 1a** die Gegner Caesars betrachtet werden und das **AB 1b** auf Caesar blickt. Das Ziel ist es, dass die Lerngruppe die unterschiedliche Gemengelage kennen lernt und begreifen soll, warum der Senat ausgerechnet auf Pompeius zurückgegriffen hat.

Leitfrage

AB 1a/b

Methodisch sollen die Schülerinnen und Schüler die Aufgaben mithilfe der Analyse von Deißmann bearbeiten. Ob die Arbeitsaufträge dabei in Einzel- oder Partnerarbeit bearbeitet werden, kann situativ von der Lehrkraft entschieden werden. Sinnvoll ist es, die Ergebnisse der Aufgabe 1 von AB 1a und Aufgabe 2 von AB 1b schriftlich zu sichern, denn so lässt sich leicht erkennen, welche Gründe beim Ausbruch des Bürgerkrieges eine Rolle gespielt haben. Abschließend soll die Frage diskutiert werden, ob die Schülerinnen und Schüler die verletzte *dignitas* Caesars wirklich als Hauptgrund für den kriegerischen Konflikt ansehen oder ob das nur ein vorgeschobener Grund und die Angst vor der politischen Entmachtung der eigentliche Antrieb für die Überschreitung des Rubicons von Caesar war.

AB 2

Leitfrage

Es folgt als nächstes ein Arbeitsblatt, das sich mit einer sehr wichtigen Maxime caesarischer Politik befasst, nämlich der berühmten *clementia Caesaris* oder zu Deutsch Milde Caesars (**AB 2**). Dieses Element der Herrschaftsausübung sollen die Lernenden näher beleuchten. Dazu lernen die Schülerinnen und Schüler durch M1 und Aufgabe 1 die politische Leitlinie Caesars kennen und blicken anschließend auf konkrete Formen, wie die *clementia*-Politik umgesetzt worden ist. Doch damit nicht genug: Spätestens nach Aufgabe 2 sollte der Blick auf die Leitfrage **Die clementia Caesaris – ein Erfolgsrezept?** gerichtet werden. Die finale Aufgabe auf dem Arbeitsblatt geht genau in die Richtung, da die Schülerinnen und Schüler sich Gedanken machen sollen, inwiefern die *clementia*-Politik Vor- und Nachteile hatte. Diese Überlegungen, die bevorzugt im Kursverbund besprochen werden sollten, können schon die Ermordung Caesars in den Blick rücken, weil die Begnadigung von Feinden schließlich nicht dazu führen muss, dass diese nun zu Freunden Caesars werden.

Leitfrage

AB 3

Bevor tatsächlich die Ermordung des Diktators betrachtet werden soll, stellt sich in Arbeitsblatt 3 die (Leit-)Frage: **Caesars Innenpolitik – Wie veränderte Caesar den Staat?** (**AB 3**). Anhand eines Auszugs aus der Biografie Caesars von Sueton sollen die Lernenden herausarbeiten, welche Veränderungen unter Caesar vorgenommen und geplant waren. Sie sollen dadurch ein Verständnis dafür bekommen, was neben der Milde Caesars innenpolitisch passiert ist. Gerne kann – wenn die sullanische Diktatur besprochen worden ist – an dieser Stelle auch ein Vergleich mit eben jenem Sulla gezogen und so analysiert werden, ob/inwiefern sich beide Diktatoren gleichen und unterscheiden.
Als weitere Aufgabe sollen die Schülerinnen und Schüler recherchieren, was aus den Bauprojekten geworden ist, die Caesar nicht umgesetzt hat, um darauf zu blicken, inwiefern nach Caesar Teile seiner Politik/Pläne noch realisiert worden sind. Diese Aufgabenstellung kann sehr gut als Hausaufgabe erteilt werden.

AB 4 a – c

Leitfrage AB 4 a – b

Nun richtet sich der Blick auf die Iden des Märzes und damit auf die Ermordung Caesars durch die Verschwörergruppe um Marcus Iunius Brutus (**AB 4 a – c**). Hierzu werden zwei verschiedene Leitfragen in den Blick gerückt. Die Arbeitsblätter 4 a und 4 b fragen sich: **Die Ermordung Caesars – Warum musste Caesar sterben?** Dabei steht in Arbeitsblatt 4 a die Bearbeitung einer antiken Quelle (Sueton) und in Arbeitsblatt 4 b die Bearbeitung einer Analyse eines Althistorikers (Syme) im Zentrum. Die Schülerinnen und Schüler sollen also zum einen schauen, welche Ursachen für die Ermordung Caesars in der Antike vermutet worden sind, und zum anderen darauf blicken, zu welchen Schlüssen ein moderner Forscher gekommen ist. Um diese beiden Ansichten nicht für sich stehen zu lassen, gibt es in Arbeitsblatt 4 b eine Aufgabe, in der man beide Sichten beachten muss. Prinzipiell können die Arbeitsblätter getrennt bearbeitet werden, sodass man eine Gruppe hat, die den Text von Sueton bearbeitet, und eine zweite Gruppe, die den Text von Syme bearbeitet hat. Beide Gruppen können sich anschließend die Ergebnisse gegenseitig vorstellen und Aufgabe 3 von Arbeitsblatt 4 b kann dann im Plenum besprochen werden.

Das Arbeitsblatt 4 c steht derweil unter der Leitfrage: **Die Ermordung Caesars – Wie musste Caesar sterben?** Auch hier treffen wieder eine antike und eine modernere (in diesem Fall neuzeitliche) Sicht aufeinander. Die Lernenden bearbeiten im Grunde die Leitfrage, indem sie sich mit den Schilderungen von Plutarch auseinandersetzen. Diese erhalten eine Vertiefung in Form eines Rollenspiels. Der Blick in die Moderne bedeutet dieses Mal die Analyse eines Gemäldes. Die Schülerinnen und Schüler sollen nämlich untersuchen, ob die Schilderungen Plutarchs sich in dem Gemälde wiederfinden.

Leitfrage AB 4 c

Der Bürgerkrieg zwischen Caesar und Pompeius – Wer steht sich eigentlich gegenüber? (I)

Die deutsche Althistorikerin Marieluise Deißmann (1935 – 2011) setzt sich mit Pompeius und dem Senat auseinander:

Für die Senatsherrschaft bedeutete er [= Pompeius], von seiner Laufbahn her gesehen, eine ebenso große Gefahr wie Caesar. Er hat sich jedoch im Grunde wohl stets dem Senat verbunden gefühlt und war durchaus konservativ gesonnen. Deshalb griff der Senat auch während der Unruhen von 55 bis 52 v. Chr. und dann in der Auseinandersetzung mit Caesar auf ihn zurück. Er bediente sich jedoch keineswegs ohne Bedenken der Hilfe des Pompeius. Hierbei ist die Gruppe um Cato besonders hervorzuheben, die voll Verantwortungsgefühl versucht, die Herrschaft des Senates zu reformieren und die römische Politik wieder auf die althergebrachten Grundsätze festzulegen. Sie kämpfte mit allen Mitteln gegen die herrschende Korruption, und von ihr ging auch der Versuch aus, Caesar wegen seines ungerechtfertigten Vorgehens gegen zwei germanische Stämme zur Rechenschaft zu ziehen, Diesen Senatoren gelang es, Pompeius von der Unterstützung des Senats abhängig zu machen, wenn er sich gegen Caesar behaupten wollte. Damit wurde eine einseitige Abhängigkeit des Senats von Pompeius verhindert. Ihre Politik wurde dadurch gefördert, dass im Jahr 54 v. Chr. Caesars Tochter Julia, die Gattin des Pompeius, starb. Ein Jahr zuvor hatte Pompeius die Statthalterschaft Caesars auf weitere fünf Jahre verlängern lassen, dann aber vermochte der Senat, ihn nach und nach völlig auf seine Seite zu ziehen. Zwei Gesetze, die im Jahr 52 v. Chr. auf seine Initiative hin beschlossen wurden, ließen schon auf diesen Umschwung schließen. Durch die Maßnahmen dieses Jahres wurde erreicht, dass nach der Anarchie im Staat wieder geordnete Verhältnisse herrschten. Dieses Ergebnis, das durch die Einigung des Senats mit Pompeius zustande gekommen war, wurde von allen Volksschichten freudig begrüßt, es war damit jedoch eine spätestens im Jahr 50 v. Chr. feststehende Front gegen Caesar gebildet. Da nun einer der machthungrigen Einzelnen im Bunde mit dem Senat einem Rivalen gegenüberstand, musste es notwendig zu einem gefährlichen Konflikt kommen, wenn Caesar nicht von vorneherein aufgab.

Marieluise Deißmann: Gaius Julius Caesar. Der Bürgerkrieg, Stuttgart: Reclam, 1971, S. 204 f.

Gnaeus Pompeius Magnus (106-48 v. Chr.) entstammte einer wohlhabenden Familie. Sein Vater wurde als erster der Familie Konsul und war damit ein homo novus. Pompeius unterstützte Sulla im Bürgerkrieg und durfte in dessen Auftrag als Heerführer zwei Feldzüge gegen Anhänger des Gaius Marius führen.
Im Jahr 77 erhielt er das Prokonsulat und wurde Statthalter in der Provinz Hispania citerior. Dort kämpfte er vergeblich gegen Quintus Sertorius, einem Weggefährten von Marius. Erst nach dessen Ermordung durch Marcus Perperna gelang Pompeius der entscheidende Sieg (gegen Perperna) in Spanien.
Nach der Rückkehr nach Italien im Jahr 71 siegte Pompeius über den Rest des Heeres des Spartacus und wurde zusammen mit Marcus Licinius Crassus Konsul für das Jahr 70.
67 v. Chr. erhielt er das Oberkommando im Kampf gegen die Piraten im östlichen Mittelmeer. Diese wurden von Pompeius besiegt und Pompeius eroberte in der Folge im Osten neue Gebiete und ordnete auch insgesamt den Osten neu. 62 v. Chr. kehrte er nach Rom zurück.
Teile des Senates wandten sich in dieser Zeit von Pompeius ab, da sie sich um den Bestand der Republik fürchteten. Um seine Macht zu bewahren, schloss Pompeius 60 v. Chr. mit Crassus und Caesar das 1. Triumvirat und heiratete die Tochter Caesars, Iulia. Im Laufe der Zeit wurde Caesar immer mächtiger und das Triumvirat bekam Risse. Nach dem Tod Iulias 54 v. Chr. und dem Tod Crassus' 53 v. Chr. näherte sich Pompeius immer mehr dem Senat an. Er wurde 52 v. Chr. Konsul ohne Amtskollegen (consul sine collega).
Die Hinwendung zu den Optimaten im Senat ging so weit, dass Pompeius zum Bürgerkrieg gegen Caesar bereit war. Nach der Niederlage bei der Schlacht von Pharsalos am 09.08.49 flüchtete Pompeius nach Ägypten, wo er am 28.09.49 ermordet und enthauptet wurde.

1. Arbeiten Sie heraus, welche Ziele der Senat bzw. Teile von ihm verfolgten.
2. Erklären Sie, warum der Senat Pompeius unterstützt hat und welche Geschehnisse zur gemeinsamen „Front gegen Caesar" geführt haben.

Der Bürgerkrieg zwischen Caesar und Pompeius – Wer steht sich eigentlich gegenüber? (II)

Die deutsche Althistorikerin Marieluise Deißmann (1935 – 2011) setzt sich mit Caesar auseinander:

Auf der Gegenseite stand Caesar. Bei der herrschenden Korruption war es ihm nicht schwergefallen, Volkstribunen durch große Bestechungssummen auf seine Seite zu ziehen und sie auch während seiner gallischen Statthalterschaft im Senat und vor der Volksversammlung für seine Absichten eintreten zu lassen, [...] Bis zur Einigung des Senates mit Pompeius konnte Caesar aber nicht nur in dieser Weise unmittelbar die Politik beeinflussen, sondern er musste bei vielen politischen Entscheidungen auf Grund des Einflusses und der Anhängerschaft, die er als Consul und jetzt durch die Eroberung Galliens gewonnen hatte, berücksichtigt werden. Denn ebenso wie Pompeius in den östlichen Provinzen [...], hatte sich auch Caesar sogenannte Clientelen in seinen Provinzen erworben, auf deren Unterstützung er im politischen Kampf bauen konnte. Das dichte Netz nichtjustitiabler Bindungen, zu dem das Clientelwesen gehörte und das die römische Politik weitgehend bestimmte, hatte ursprünglich die Macht des Adels gesichert, wirkte sich aber am Ende der Republik unheilvoll für diesen aus, weil es einzelner seiner Angehörigen möglich war, unangemessen große Clientelen außerhalb Roms und unter ihren Soldaten zu erwerben.
Caesar hatte in den Jahren seiner Statthalterschaft den römischen Machtbereich in Gallien beträchtlich ausgedehnt und erwartete für seine Erfolge eine entsprechend hohe Anerkennung, die [...] ihm damit größeren politischen Einfluss bringen würde. Der politische Rang, den man einnahm, und das Ansehen, das man in der Öffentlichkeit auf Grund seiner Leistungen für den Staat genoss, hieß *dignitas*, ein Begriff, dem in der von aristokratischen Prinzipien geprägten Gesellschaft der römischen Republik eine bedeutende Rolle zukam. Obwohl Caesar auch fürchten musste, vor Gericht gestellt zu werden, wenn er als Privatmann und ohne Heer nach Rom zurückkehrte, gab er als Grund dafür, dass er in den Bürgerkrieg eintrat, vor allem die Verletzung seiner *dignitas* durch seine Feinde an. Dass aber jemand ihretwegen so weit ging, die Waffen gegen den Staat zu erheben, war noch nicht vorgekommen.

Marieluise Deißmann: Gaius Julius Caesar. Der Bürgerkrieg, Stuttgart: Reclam, 1971, S. 206 f.

Gnaeus Pompeius Magnus (106-48 v. Chr.) entstammte einer wohlhabenden Familie. Sein Vater wurde als erster der Familie Konsul und war damit ein homo novus. Pompeius unterstützte Sulla im Bürgerkrieg und durfte in dessen Auftrag als Heerführer zwei Feldzüge gegen Anhänger des Gaius Marius führen.
Im Jahr 77 erhielt er das Prokonsulat und wurde Statthalter in der Provinz Hispania citerior. Dort kämpfte er vergeblich gegen Quintus Sertorius, einem Weggefährten von Marius. Erst nach dessen Ermordung durch Marcus Perperna gelang Pompeius der entscheidende Sieg (gegen Perperna) in Spanien.
Nach der Rückkehr in Italien im Jahr 71 siegte Pompeius über den Rest des Heeres des Spartacus und wurde zusammen mit Marcus Licinius Crassus Konsul für das Jahr 70.
67 v. Chr. erhielt er das Oberkommando im Kampf gegen die Piraten im östlichen Mittelmeer. Diese wurden von Pompeius besiegt und Pompeius eroberte in der Folge im Osten neue Gebiete und ordnete auch insgesamt den Osten neu. 62 v. Chr. kehrte er nach Rom zurück.
Teile des Senates wandten sich in dieser Zeit von Pompeius ab, da sie sich um den Bestand der Republik fürchteten. Um seine Macht zu bewahren, schloss Pompeius 60 v. Chr. mit Crassus und Caesar das 1. Triumvirat und heiratete die Tochter Caesars, Iulia. Im Laufe der Zeit wurde Caesar immer mächtiger und das Triumvirat bekam Risse. Nach dem Tod Iulias 54 v. Chr. und dem Tod Crassus' 53 v. Chr. näherte sich Pompeius immer mehr dem Senat an. Er wurde 52 v. Chr. Konsul ohne Amtskollegen (consul sine collega).
Die Hinwendung zu den Optimaten im Senat ging so weit, dass Pompeius zum Bürgerkrieg gegen Caesar bereit war. Nach der Niederlage bei der Schlacht von Pharsalos am 09.08.49 flüchtete Pompeius nach Ägypten, wo er am 28.09.49 ermordet und enthauptet wurde.

1. Geben Sie wieder, wie sich Caesar den Einfluss auf die römische Politik gesichert hat.
2. Nennen Sie die Gründe, die zum Bürgerkrieg geführt haben.
3. Inwiefern war die verletzte dignitas Caesars der Hauptgrund für den Ausbruch des Bürgerkriegs?

Best.-Nr. 024752

Der Bürgerkrieg zwischen Caesar und Pompeius – Wer steht sich eigentlich gegenüber? (I + II)

➡ Zu AB 1a

1. Arbeiten Sie heraus, welche Ziele der Senat bzw. Teile von ihm verfolgten.
- Reform der Senatsherrschaft
- Restauration der alten Senatsmacht
- Kampf gegen Korruption
- Anklage gegen Caesar

2. Erklären Sie, warum der Senat Pompeius unterstützt hat und welche Geschehnisse zur gemeinsamen „Front gegen Caesar" geführt haben.
- Pompeius unterstützte den Senat, weil er sich trotz allem mit diesem verbunden fühlte und konservativ eingestellt war.
- Wichtige Ereignisse, die das Bündnis begünstigt haben, waren der Tod der Frau Iulia, *die Tochter Caesars, die Pompeius einst zur Vertiefung des Bündnisses mit Caesar geheiratet hatte,* und zwei Gesetze aus dem Jahre 52 v. Chr., die auf einen Umschwung hindeuteten.

➡ Zu AB 1b

1. Geben Sie wieder, wie sich Caesar den Einfluss auf die römische Politik gesichert hat.
- Bestechung von Volkstribunen
- Käuflichkeit der Volksversammlung
- Einfluss und Anhängerschaft in Folge des Konsulats und der Erfolge in Gallien (Caesar hat ein großes Netz an Klienten)

2. Nennen Sie die Gründe, die zum Bürgerkrieg geführt haben.
- Caesar hoffte auf Ehrungen für seine in Gallien erzielten Erfolge und (hoffte auf) einen (noch) größeren Einfluss auf die römische Politik. Da seine Wünsche allerdings nicht erfüllt wurden, sah er sich in seiner *dignitas* verletzt und gab dies als Grund für die bewaffnete Auseinandersetzung mit dem Senat an.
- Ein zweiter Grund, der genannt wird, war die Gefahr von Gerichtsprozessen gegen Caesar.

3. Inwiefern war die verletzte dignitas Caesars der Hauptgrund für den Ausbruch des Bürgerkriegs?
Individuelle Schülerlösungen; wichtig wäre jedoch, dass in der Diskussion noch mindestens der Grund genannt wird, dass Caesar Sorge hatte, vor Gericht gestellt und verurteilt zu werden – was das vorläufige Ende seiner politischen Laufbahn bedeutet hätte und gegen die verletzte dignitas abgewogen wird.

Best.-Nr. 024752

Die *clementia Caesaris* – ein Erfolgsrezept?

M1 Caesars politische Maxime (Cic. Att. 9, 7C, Caesar an C. Oppius und L. Cornelius Balbus aus Arpi am 01.03.49)

... Euren Rat will ich mir gern zunutze machen, und das umso lieber, weil ich schon selbst zu dem Entschluss gekommen war, alle Milde walten zu lassen und die Versöhnung mit Pompeius herbeizuführen. Ich will also versuchen, nach Möglichkeit die Herzen aller Bürger wiederzugewinnen und mich eines langen Friedens zu erfreuen, denn die andern konnten in ihrer Grausamkeit dem Hass nicht entgehen, konnten auch dem Sieg nicht Dauer verleihen... Die neue Art des Sieges soll also darin bestehen, dass wir Schutz und Sicherheit in unserer Milde und Barmherzigkeit finden. In dieser Richtung habe ich mir mancherlei Gedanken gemacht, und es lässt sich noch mancherlei finden.

Wolfram Ax: Geschichte in Quellen. Band I: Altertum, München: Bayerischer Schulbuchverlag, 1965, S. 532 (Nr. 499)

M2 ein gnädiger Akt Caesars nach dem Sieg bei Pharsalos (Cassius Dio 41,63)

Sogar die geheimen Briefe, die man im Gepäck des Pompeius fand, welche viele der Begünstigung des Pompeius und feindlicher Gesinnung gegen ihn überführten, wollte er weder lesen noch abschreiben lassen, sondern er ließ sie sogleich verbrennen, um nicht durch sie genötigt zu sein, gegen jemand streng zu verfahren.

Leonhard Tafel: Geschichte in Quellen. Band I: Altertum, München: Bayerischer Schulbuchverlag, 1965, S. 532 (Nr. 499)

M3 weitere Akte von Caesars Milde (Suet. Caes. 75)

Am Lebensende schließlich erlaubte er [= Caesar] auch allen, denen er noch nicht verziehen hatte, nach Italien zurückzukehren und Ämter und Befehlsgewalten zu übernehmen; aber auch die vom Volk zerstörten Statuen von Lucius Sulla und Pompeius stellte er wieder her; und wenn irgendetwas Schlimmeres gegen ihn von nun an entweder geplant oder gesagt wurde, wollte er es lieber verhindern als es zu bestrafen. Deshalb auch tadelte er aufgedeckte Verschwörungen und nächtliche Zusammenkünfte nicht mehr, als dass er durch eine Bekanntmachung anzeigte, davon zu wissen, und er gab sich bei den unfreundlich Sprechenden damit zufrieden, vor der Volksversammlung aufzufordern, dass sie damit nicht weiter fortfahren, und seinen durch das sehr verleumderische Buch des Aulus Caecina und durch die sehr lästernden Spottgedichte des Pitholaos beleidigten Ruf ertrug er staatsmännisch.

Autorentext/Übersetzung von Andreas Sanfilippo basierend auf dem lateinischen Text aus https://www.thelatinlibrary.com/suetonius/suet.caesar.html [07.10.2020].

1. Beschreiben Sie in eigenen Worten die politische Leitlinie Caesars.
2. Zeigen Sie mithilfe der Materialien, wie sich diese politische Maxime in konkreten Handlungen zeigte.
3. Überlegen Sie sich, inwiefern Caesars Milde Vor- und Nachteile gehabt haben könnte.

Die *clementia Caesaris* – ein Erfolgsrezept?

1. Beschreiben Sie in eigenen Worten die politische Leitlinie Caesars.
Caesar wollte durch Milde und Nachsicht seinen Sieg auf Dauer sichern und so auch diejenigen Teile der Bevölkerung wiedergewinnen, die sich im Bürgerkrieg auf die Seite seiner Gegner gestellt hatten.

2. Zeigen Sie mithilfe der Materialien, wie sich diese politische Maxime in konkreten Handlungen zeigte.
- Verbrennen von Briefen, die bei Pompeius gefunden worden waren und Namen von anderen Personen enthielten, die gegen Caesar waren
- Caesar rehabilitierte Personen und setzte sie in Ämter wieder ein.
- Wiederherstellung der Statuen von Sulla und Pompeius (*beide Gegner von Caesar*)
- Angabe, von Verschwörungen zu wissen, anstatt die Verschwörer zu bestrafen
- Gegenüber jenen, die schlecht über Caesar reden, formulierte er Unterlassensforderungen (anstatt sie härter zu bestrafen)
- Duldung von Spottliteratur gegen Caesar

3. Überlegen Sie sich, inwiefern Caesars Milde Vor- und Nachteile gehabt haben könnte.
Vorteile:
- Integration der Gegner in das eigene Herrschaftssystem
- Anstieg des Rückhaltes in der Bevölkerung

Nachteile:
- Autorität könnte sinken, weil Caesar als schwach und verweichlicht wahrgenommen werden könnte.
- Verschwörungen könnten Erfolg haben und somit zum eigenen Tod führen.

Best.-Nr. 024752

Caesars Innenpolitik – Wie veränderte Caesar den Staat?

Gaius Sueton(ius) Tranquillus (ca. 70 – nach 122 n. Chr.) war ein römischer Verwaltungsbeamter, der zeitweise die Kanzlei des Kaisers geleitet hatte, ehe er im Zuge einer Hofintrige bei Kaiser Hadrian in Ungnade fiel und sich daraufhin zurückzog. Als Schriftsteller verfasste Sueton die De vita Caesarum libri VIII (z. Dt. acht Bücher über das Leben der Kaiser), in denen er Biografien von Caesar und allen Kaisern bis Domitian anfertigte. In der Caesarbiografie geht Sueton auch darauf ein, wie sich der Staat unter Caesar veränderte.

aus Suetons Caesarbiografie (Suet. Caes. 40 – 42.44)

[40.] Hierauf wandte sich Caesar der Neuordnung der Verhältnisse im Innern des Staates zu. Er verbesserte zuerst den Kalender, der lange schon durch Schuld der Priester, die willkürlich Tage einzuschalten pflegten, so in Unordnung geraten war, dass weder das Erntefest in den Sommer noch das Winzerfest in den Herbst fiel. Er passte das Jahr dem Lauf der Sonne an, so dass es aus 365 Tagen bestand; der Schaltmonat fiel weg, und alle vier Jahre sollte ein Tag eingeschaltet werden [...].
41. ... Das Wahlrecht teilte er mit dem Volke in der Weise, dass – mit Ausnahme der Bewerber um das Konsulat – die eine Hälfte der Kandidaten das Volk, die andere Caesar selbst wählte. ... Die Volkszählung ließ er nicht in der üblichen Weise und am üblichen Ort, sondern straßenweise durch die Hausbesitzer vornehmen. [...]
42. Ferner hatte Caesar 80000 Bürger auf überseeische Kolonien verteilen lassen. Um nach Verlust von so vielen Einwohnern die Bevölkerungsziffer Roms in ausreichender Höhe zu halten, erließ er folgende Verordnung: „Kein Bürger über 20 und unter 40 Jahren, der nicht im Heer dient, darf sich länger als drei Jahre hintereinander außerhalb Italiens aufhalten; [...].“ Alle Ärzte, die in Rom praktizierten, und die Lehrer der freien Künste [Grammatik, Rhetorik, Philosophie] beschenkte er mit dem Bürgerrecht, um sie an die Stadt zu fesseln [...]. Was die Schuldenregelung anbetrifft, machte Caesar alle Hoffnungen auf völligen Schuldenerlass, der von vielen Seiten angeregt wurde, zunichte. [...] Die Strafen für schwere Verbrechen verschärfte Caesar ...
44. Für die Verschönerung und Versorgung Roms, ebenso für den Schutz und die Erweiterung des Reiches trug sich Caesar mit Entwürfen, die von Tag zu Tag an Zahl und Größe zunahmen. An erster Stelle stand der Bau eines Marstempels, der von nie dagewesener Größe sein sollte ... Ebenso plante er ein ungeheures Theater am Fuß des tarpeiischen Felsens. Ferner beabsichtigte er eine vereinfachte Redaktion des bürgerlichen Rechts, die aus der übergroßen und verwirrenden Fülle von Gesetzen nur das Beste und Notwendigste in wenigen Büchern zusammentragen sollte; dann die Gründung möglichst vollständiger öffentlicher Bibliotheken griechischer und latinischer Schriftwerke ...

Max Heinemann: Geschichte in Quellen. Band I: Altertum, München: Bayerischer Schulbuchverlag, 1965, S. 538f. (Nr. 504)

1. Stellen Sie in eigenen Worten die durchgeführten und geplanten Veränderungen Caesars dar.
2. Recherchieren Sie, ob die von Caesar geplanten, aber nicht durchgeführten Bauprojekte später noch umgesetzt worden sind.

Best.-Nr. 024752

Die clementia Caesaris – ein Erfolgsrezept?

1. Stellen Sie in eigenen Worten die durchgeführten und geplanten Veränderungen Caesars dar.
   - Kalenderreform: Caesar führte den Iulianischen Kalender ein (365 Tage, Wegfall des Schaltmonats, stattdessen alle 4 Jahre Hinzufügung eines Schalttages)
   - 50 % aller Kandidaten für sämtliche höhere Magistraturen fernab des Konsulates wurden von Caesar bestimmt. Die andere Hälfte bestimmte das Volk.
   - Volkszählung wurde fortan von Hausbesitzern durchgeführt.
   - Ansiedlung von 80 000 Römern in Kolonien fernab Italiens.
   - Kein Bürger zwischen 20 und 40 Jahren durfte sich länger als drei Jahre außerhalb Italiens aufhalten.
   - Gewisse Gruppen von außeritalischen Menschen (z. B. Ärzte, Lehrer) erhielten das Bürgerrecht, wenn sie in Rom tätig waren.
   - Verschärfung des Strafrechtes
   - Plan, einen Marstempel, ein Theater und eine öffentliche Bibliothek erbauen zu lassen
   - ebenfalls geplant: Vereinfachung des bürgerlichen Rechtes

2. Recherchieren Sie, ob die von Caesar geplanten, aber nicht durchgeführten Bauprojekte später noch umgesetzt worden sind.
   - nach 39 v. Chr.: Gaius Asinius Pollo eröffnete die erste öffentliche Bibliothek Roms (Atrium Libertatis).
   - 13 v. Chr.: Eröffnung des Marcellustheaters
   - 2 v. Chr.: Auf dem Augustusforum wurde der Mars-Ultor-Tempel eingeweiht.

Best.-Nr. 024752

Die Ermordung Caesars – Warum musste Caesar sterben? (antike Sicht)

Gaius Sueton(ius) Tranquillus (ca. 70 – nach 122 n. Chr.) war ein römischer Verwaltungsbeamter, der zeitweise die Kanzlei des Kaisers geleitet hatte, ehe er im Zuge einer Hofintrige bei Kaiser Hadrian in Ungnade fiel und sich daraufhin zurückzog. Als Schriftsteller verfasste Sueton die De vita Caesarum libri VIII (z. Dt. acht Bücher über das Leben der Kaiser), in denen er Biografien von Caesar und allen Kaisern bis Domitian anfertigte. In der Caesarbiografie schildert Sueton, durch welche Verhaltensweisen sich der Diktator Feinde machte.

Gründe für Caesars Tod (Suet. Caes. 77 – 79)

[77.] Gleich große Beweise von seiner Überheblichkeit gab Caesar, wie T. Ampius schreibt, in Äußerungen, die er in aller Öffentlichkeit getan hatte: „Die Republik ist ein Nichts, ein bloßer Name ohne Körper und greifbare Gestalt" – „Sulla hat das ABC der Politik nicht gekannt, sonst hätte er die Diktatur nicht niedergelegt". – „Die Leute müssen jetzt mit mehr Überlegung mit mir sprechen und, was ich sage, als Gesetz betrachten!" …

78. Jedoch den grimmigsten Hass, der für ihn ganz besonders unheilvoll werden sollte, zog Caesar sich bei folgendem Anlass zu: Er empfing nämlich die Senatoren, die ihm vollzählig eine Anzahl für ihn höchst schmeichelhafter Beschlüsse überbrachten, sitzend in der Vorhalle des Tempels der Venus Genetrix …

79. Zu dieser Beschimpfung des Senats durch eine so verächtliche Behandlung fügte Caesar einen Akt von noch größerer Anmaßung. Als nämlich am Latinischen Opferfest bei seiner Rückkehr in die Stadt ein Mann aus der Menge unter stürmischem, unerhörtem Zujauchzen des Volkes seiner Statue einen Lorbeerkranz mit herumgewundener weißer Binde aufgesetzt hatte, rissen die Volkstribunen Epidius Marullus und Caesetius Flavus die Binde von dem Kranze ab und ließen den Menschen verhaften. Aber Caesar fuhr die Tribunen heftig an und entsetzte sie ihres Amtes, aus Verdruss über die unglücklich abgelaufene Anregung seiner Erhebung zum König, oder, wie er selbst geltend machte, weil ihm durch sie der Ruhm entgangen sei, persönlich die Königskrone ausgeschlagen zu haben. Und doch blieb trotz allem der Vorwurf, dass er König werden wolle, auf ihm sitzen. Er gab zwar dem Volke, das ihn mit dem Königsnamen begrüßte, zur Antwort: „Ich bin Caesar, nicht König." Er wies ferner am Luperkalienfest auf dem Forum das vom Konsul Antonius mehrmals seinem Haupte genäherte Diadem zurück, ließ es aufs Kapitol bringen und Jupiter Optimus Maximus weihen. Ja, es ging stark das Gerücht, er werde nach Alexandria oder nach Ilion übersiedeln, den Schwerpunkt des Reiches aus dem durch Aushebungen erschöpften Italien dorthin verlegen und die Staatsgeschäfte in Rom seinen Freunden überlassen. Schon in der nächsten Senatssitzung werde L. Cotta, ein Mitglied des Fünfzehner-Kollegiums zur Aufsicht über die Sibyllinischen Bücher, den Antrag stellen, Caesar zum König zu ernennen; denn in den Schicksalsbüchern stände bekanntlich, die Parther könne nur ein König besiegen.

Max Heinemann: Geschichte in Quellen. Band I: Altertum, München: Bayerischer Schulbuchverlag, 1965, S. 546 (Nr. 513)

1. Geben Sie wieder, wie Sueton Caesar charakterisiert.
2. Arbeiten Sie aus der Quelle heraus, welche Motive für Caesars Ermordung genannt/angedeutet werden.
3. Recherchieren Sie, inwiefern das Streben nach dem Königtum problematisch für Römer war.

Best.-Nr. 024752

Die Ermordung Caesars – Warum musste Caesar sterben? (antike Sicht)

1. Geben Sie wieder, wie Sueton Caesar charakterisiert.
   - überheblich/hochmütig
   - republikfeindlich
   - respektlos gegenüber Anderen
   - willkürlich (z. B. beim Verhalten gegenüber den Volkstribunen)
2. Arbeiten Sie aus der Quelle heraus, welche Motive für Caesars Ermordung genannt/angedeutet werden.
   - Hochmut/Überheblichkeit
   - angeblich despektierliche Äußerungen über die Republik
   - Caesar bestimmt Gesetze
   - sitzender Empfang der Senatoren in der Vorhalle des Tempels der Venus Genetrix (*Respektlosigkeit, weil man die Senatoren stehend in Empfang nahm*)
   - Streben nach Königtum
   - Schwerpunkt des Imperiums soll nach Ägypten verlegt werden.
3. Recherchieren Sie, inwiefern das Streben nach dem Königtum problematisch für Römer war.
   Die ersten Regenten über Rom waren Könige. Der letzte von ihnen, Tarquinius Superbus, wurde aufgrund seines tyrannischen Herrschaftsstils von den Römern verbannt, die nie wieder einen König haben wollten.

Zusatzmaterial für Aufgabe 3:

Folgende Textstelle (Liv. 2,1,8 – 9) kann den Lernenden zur Bearbeitung der Aufgabe präsentiert werden. Hierbei kann man die Haltung der Römer zum Königtum erkennen – allerdings: Der erwähnte Lucius Iunius Brutus hat womöglich nie existiert und war auch nie Konsul.

(8) [...] Brutus war nicht eifriger ein Retter der Freiheit gewesen, als er dann ihr Beschützer war. Zunächst verpflichtete er durch einen Eid das nach der neuen Freiheit[1] begierige Volk, dass es in Rom keinen als König dulden werde, damit es nicht später durch Bitten und königliche Geschenke umgestimmt werden könne.

Autorentext/Übersetzung von Andreas Sanfilippo basierend auf dem lateinischen Text aus https://www.thelatinlibrary.com/livy/liv.2.shtml [28.09.2020].

[1] Der letzte König war erst kürzlich verbannt worden.

Best.-Nr. 024752

Die Ermordung Caesars – Warum musste Caesar sterben? (antike Sicht)

Der neuseeländische Althistoriker Sir Neville Ronald Syme (1903 – 1989) schreibt in seinem 1939 erschienenen Werk „The Roman Revolution" das Folgende:

Die Frage nach den letzten Absichten Caesars erscheint unerheblich, denn er wurde dafür ermordet, was er war, und nicht dafür, was er hätte werden können. Die Übernahme der Dictatur auf Lebenszeit schien jeder Hoffnung auf eine Rückkehr zu einer normalen und verfassungsmäßigen Regierung zu spotten und sie zu zerstören. Seine Herrschaft war weit schlimmer als das gewalttätige und gesetzwidrige Regime des Pompeius. Die Gegenwart war unerträglich, die Zukunft ohne Perspektiven. Es war nötig, sofort zuzuschlagen. Seine Abwesenheit, der Fortgang der Zeit und die handgreiflichen Wohltaten von Frieden und Ordnung mochten den Groll der Menschen gegen Caesar besänftigen und sie in ihrer inneren Haltung unmerklich für Knechtschaft und Monarchie empfänglich machen. Eine Gruppe, die sich aus den verschiedensten Elementen zusammensetzte, plante die Ermordung des Diktators und führte sie aus. Dass sein gewaltsamer Tod keine Heilung, sondern die Quelle größerer Übel für das Reich bedeuten würde, hatte der Diktator selbst einmal geäußert. [...]

Die neue Partei der Befreier war nach Herkunft oder Motiven nicht einheitlich. Der Groll begnadigter Anhänger des Pompeius, vereitelter Ehrgeiz, persönliche Fehden und persönliches Interesse unter der Maske hoher Moralansprüche, Familientradition und der Vorrang staatsbürgerlicher vor privater Tugend, all dies fand sich hier zusammen. Doch in der vordersten Reihe dieser gemischten Gesellschaft standen bewährte Offiziere des Diktators, die Generale des gallischen Krieges und der Bürgerkriege, die bereits für ihre Dienste belohnt worden oder für hohe Ämter vorgesehen waren. Ihr Bündnis mit den Anhängern des Pompeius bedarf einer Erklärung.

Ohne eine Partei ist ein Staatsmann machtlos. Er vergisst manchmal diesen misslichen Umstand. Wenn der Führer oder oberste Vertreter einer Partei über die Wünsche seiner Bundesgenossen hinausgeht und sich ihrer Kontrolle entzieht, muss er womöglich fallengelassen oder unterdrückt werden. Der Reformer Ti. Gracchus wurde von einer kleinen Gruppe einflussreicher Konsulare an die Macht gebracht. Diese vorsichtigen Männer weigerten sich sehr bald, den übereifrigen, selbstgerechten Tribunen weiter zu unterstützen, als er sich auf ungesetzliche Bahnen begab. [...]

Als Caesar die Diktatur auf Lebenszeit und den Treueid der Senatoren entgegennahm, schien es klar, dass er sich aus den Fesseln der Partei zu höchster und persönlicher Herrschaft befreit hatte. Deswegen verbanden sich einige der bedeutendsten seiner Anhänger mit den Republikanern und Pompeianern, um ihren Führer zu beseitigen.

Ronald Syme (1939): Die römische Revolution, aus dem Englischen übersetzt von Friedrich Wilhelm Eschweiler und Hans Georg Degen, Stuttgart: Reclam, 2003, S. 63, 66

1. Arbeiten Sie aus dem Auszug aus Symes' Werk heraus, welche Gründe für den Tod Caesars angegeben werden.
2. Stellen Sie dar, welche Gruppe(n) sich gegen Caesars Politik zusammengetan haben und was ihre Beweggründe waren.
3. Untersuchen Sie, ob Suetons Schilderung (AB 4 a) und Symes Analyse zusammenpassen.

Best.-Nr. 024752

Die Ermordung Caesars – Warum musste Caesar sterben? (antike und neuzeitliche Sicht)

Der griechische Schriftsteller Plutarch (ca. 45 – ca. 125 n. Chr.) schrieb eine Vielzahl an Biografien. Während viel von seinen Kaiserviten verloren gegangen ist, sind die meisten Bücher der βίοι παράλληλοι (z. Dt. Parallele Leben) erhalten geblieben. In diesen Büchern stellt er jeweils einen berühmten Römer einem ebenfalls berühmten Griechen gegenüber, deren Leben Parallelen aufweisen. In einer dieser Biografien stellt Plutarch das Leben des Gaius Iulius Caesar dar. Dabei schildert er auch dessen Ermordung an den Iden des März durch eine Verschwörergruppe um Marcus Iunius Brutus.

M1 Der antike griechische Historiker Plutarch beschreibt die Ermordung Caesars wie folgt (Plut. Caes. 66):

Brutus Albinus war klug genug, Antonius vor dem Sitzungssaal in ein langes Gespräch zu verwickeln und dort festzuhalten, denn Antonius war nicht nur Caesars treuer Freund, er war auch wegen seiner Körperstärke gefürchtet. Bei Caesars Eintritt erhob sich der Senat ehrerbietig. Brutus' Freunde stellten sich zum Teil hinter Caesars Sessel; andere gingen ihm entgegen, als wenn sie das Gesuch des Tillius Cimber unterstützen wollten, der für seinen verbannten Bruder um Gnade bitten wollte, und so geleiteten sie Caesar mit ihren Bitten bis an seinen Platz. Als er saß, lehnte er das Gesuch schroff ab, und da man immer dreister in ihn drang, gab er jedem einzelnen, der vor ihn trat, ärgerliche Antwort. In diesem Augenblick griff Tillius mit beiden Händen nach seiner Toga und riss sie ihm vom Hals. Das war das verabredete Zeichen für den Angriff. Die erste Wunde brachte ihm Casca am Hals mit einem Dolch bei; aber sie war nur leicht und nicht tödlich. Denn bei diesem ersten Stoß war Casca, wie leicht zu verstehen, so aufgeregt, dass Caesar sich sogar umdrehen, nach dem Dolche greifen und ihn festhalten konnte. Da riefen beide im gleichen Augenblick, der Verwundete auf lateinisch: „Casca, du Schurke, was tust du?" und Casca rief seinem Bruder griechisch zu: „Bruder, hilf!" Als der erste Stoß geführt war, packte die Nichteingeweihten Furcht und Schrecken über die Tat; sie wagten nicht zu fliehen oder Caesar zu helfen, keinen Laut zu flüstern. Doch die Verschworenen zogen nun alle das Schwert und drängten sich um ihr Opfer. Wohin er seinen Blick wendete, begegnete er Schwertern, die ihn trafen oder vor seinem Gesicht und seinen Augen hin und her fuhren. So wurde er durchbohrt wie ein Stück Wild, eingekeilt zwischen den Armen seiner Mörder. Denn es war verabredet, dass jeder einen Streich gegen das Opfer führen und sein Blut kosten sollte. Deswegen brachte auch Brutus ihm wenigstens eine Wunde bei in die Weichen. Einige erzählen, eine Zeitlang habe Caesar sich gewehrt und schreiend den Stößen auszuweichen versucht. Als er aber Brutus mit dem Schwert in der Hand sag, zog er die Toga über den Kopf und brach ... zusammen. An 23 Stellen sollen die Schwerter und Dolche ihn getroffen haben. Auch untereinander sollen die Verschworenen sich verwundet haben, als die zahllosen Hiebe auf den einen Körper zielten.

Wolfram Ax: Geschichte in Quellen. Band I: Altertum, München: Bayerischer Schulbuchverlag, 1965, S. 548 (Nr. 515)

1. Stellen Sie sich vor, die Ermordung Caesars soll nach dem Plutarchtext verfilmt werden. Geben Sie die wichtigsten Szenen/Aktionen chronologisch wieder, die man dabei bedenken muss. Spielen Sie anschließend die Ermordung nach.
2. Beurteilen Sie, inwiefern das Gemälde von Vincenzo Camuccini mit den Schilderungen von Plutarch zusammenpasst. Im Falle von Abweichungen gehen Sie auch auf diese ein.

Best.-Nr. 024752

Die Ermordung Caesars – Warum musste Caesar sterben? (antike und neuzeitliche Sicht)

M2 Vincenzo Camuccini, Tod von Caesar (1804)

Alamy Stock Photo (RMB)/incamerastock, Abingdon/Oxfordshire

Best.-Nr. 024752

Die Ermordung Caesars – Warum musste Caesar sterben?

➡ Zu AB 4 b

1. Arbeiten Sie aus dem Auszug aus Symes' Werk heraus, welche Gründe für den Tod Caesars angegeben werden.
- Caesar sei für das ermordet worden, was er gewesen sei.
- Die Diktatur auf Lebenszeit habe der Hoffnung auf Rückkehr zur alten Republik entgegengestanden.
- Caesars Herrschaft sei unerträglich gewesen.
- Caesar sei nicht mehr von seiner eigenen Partei kontrollierbar gewesen.

2. Stellen Sie dar, welche Gruppe(n) sich gegen Caesars Politik zusammengetan haben und was ihre Beweggründe waren.
- begnadigte Anhänger des Pompeius
- Offiziere und Generäle Caesars (, weil Caesar sich ihrer Kontrolle entzogen hat)

3. Untersuchen Sie, ob Suetons Schilderung (AB 4 a) und Symes Analyse zusammenpassen.
- Ähnlichkeiten: In beiden Fällen ist die Rede davon, dass Caesar gegen die alte Republik gewesen sei; zudem wird Caesars Herrschaft in beiden Fällen als ein unerträglicher Zustand dargestellt.
- Unterschiede: Während Syme sagt, dass Caesar für das ermordet worden, was er gewesen sei und nicht, was er hätte werden können, ist es bei Sueton so, dass Caesar auch für das, was er hätte werden können – nämlich König – ermordet worden ist. Außerdem nennt Sueton noch weitere Gründe, die zum Unmut gegen Caesar geführt hätten, Syme bleibt da oberflächlicher.

➡ Zu AB 4 c

1. Stellen Sie sich vor, die Ermordung Caesars soll nach dem Plutarchtext verfilmt werden. Geben Sie die wichtigsten Szenen/Aktionen chronologisch wieder, die man dabei bedenken muss. Spielen Sie anschließend die Ermordung nach.

(1) Brutus Albinus hält Marcus Antonius vor dem Senat auf.
(2) Caesar betritt den Senat.
(3) Die Senatoren erheben sich, die Verschwörer nehmen ihre Positionen ein, Caesar geht zu seinem Platz.
(4) Caesar weist die Bitten einiger Senatoren schroff ab.
(5) *Lucius* Tillius *Cimber* gibt das Zeichen für den Beginn der Ermordung.
(6) *Publius Servilius* Casca sticht zu, er und Caesar schreien.
(7) Die anderen Verschwörer stechen auf Caesar ein.

2. Beurteilen Sie, inwiefern das Gemälde von Patrick Bruel mit den Schilderungen von Plutarch zusammenpasst. Im Falle von Abweichungen gehen Sie auch auf diese ein.
- Zutreffend ist, dass die Verschwörer sämtlich um Caesar herumstehen und auf ihn einstechen. Ebenfalls stimmt das Gemälde darin überein, dass diejenigen Senatoren, die nichts von dem Komplott wussten, voller Furcht sind und nicht eingreifen.
- Fraglich ist, ob es zutrifft, wo Caesar ermordet wird. Plutarchs Schilderungen zufolge müsste Caesar eigentlich bei seinem Platz ermordet worden sein. Im Gemälde allerdings ist Caesar ein gutes Stück von seinem Platz entfernt.

Best.-Nr. 024752

Teste dein Wissen

Die folgende Aufgabe, die zugleich eine Art Spiel ist, wird am besten in kleinen Gruppen z. B. à vier Personen bearbeitet. Jeder von Ihnen erhält dabei die untenstehende Mindmap, in der einige Kategorien zu Gaius Iulius Caesar eingetragen sind.

Sie haben nun zehn Minuten Zeit so viele (sinnvolle) Begriffe zu den einzelnen Kategorien einzutragen, wie Ihnen einfallen.
Nach Ablauf der Zeit tauschen Sie innerhalb Ihrer Gruppe die Mindmaps aus. Diese werden dann bewertet: Für jeden sinnvollen Begriff gibt es einen Punkt. Werden Dinge einfach doppelt oder sinngleich notiert, gibt es keinen Punkt.
Sieger ist – natürlich – wer die meisten Punkte erzielt hat. Viel Spaß!

Anmerkung: Je nach Gruppe/Kurs und Auseinandersetzung mit Caesar können im Vorfeld auch andere/weitere Kategorien in die Mindmap eingefügt werden.

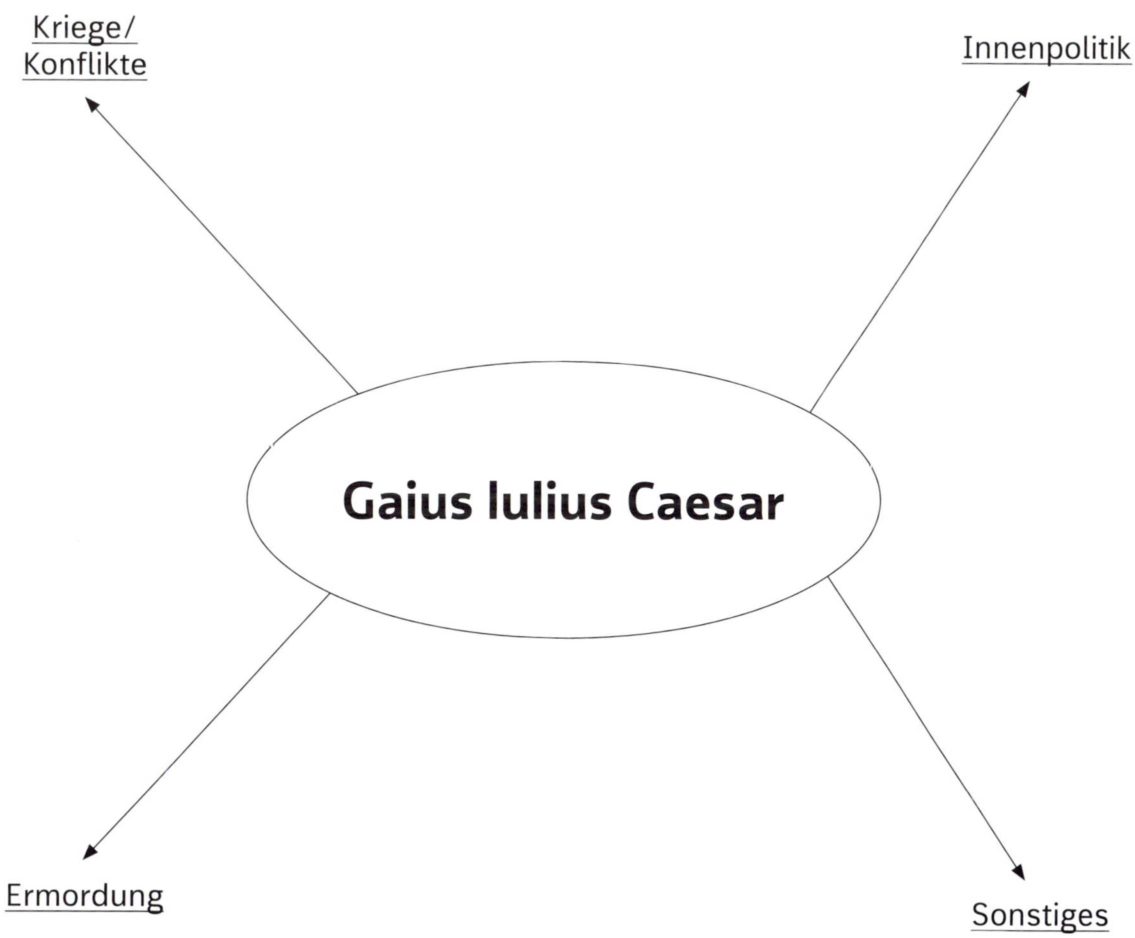

Best.-Nr. 024752

Teste dein Wissen

Es sind je nach Behandlung der Thematiken und dem Vorwissen der Schülerinnen und Schüler ganz unterschiedliche Lösungen zu erwarten. Insofern kann hier keine Musterlösung erstellt werden. Es werden nur einzelne Punkte erwähnt, die unter den Kategorien genannt werden können.

Kriege/Konflikte
- Gallischer Krieg
- Bürgerkrieg gegen Pompeius und Teilen des Senates
- Alexandrinischer Krieg

Innenpolitik
- Kalenderreform
- Wahlrechtsreform
- Planung von Bauprojekten
- verschärftes Strafrecht
- Erteilung des Bürgerrechtes an Teilen der ausländischen Bewohner Roms
- Aussiedlung von Römern in Kolonien

Ermordung
- angebliches Streben nach dem Königtum
- Verschwörung
- Senat
- Dolchstöße
- Marcus Iunius Brutus

Sonstiges
- Beziehung zu/mit Kleopatra
- clementia Caesaris

Best.-Nr. 024752

Baustein 5

Octavians Weg zur Macht und der Prinzipat

Überblick

Der finale Baustein setzt sich mit der Phase von der Ermordung Caesars bis zur Errichtung des Prinzipats unter Augustus auseinander (44 – 23 v. Chr.). In diesem Zeitabschnitt wurde das endgültige Ende der alten *res publica libera* besiegelt und das Kaisertum in Rom etabliert. Die folgenden Arbeitsblätter liegen in diesem Baustein vor:

- Zuerst wird der Blick auf die Republikaner, zu denen die Caesarmörder gehören, gerichtet. Es stellt sich die (Leit-)Frage **Jubel oder Trauer? – Wie stehen die Republikaner zur Ermordung Caesars? (AB 1)**
- Darauf folgen zwei Arbeitsblätter, die sich mit den kapitalen Fehlern nach Caesars Tod von Cicero, dem Verfechter der Republik par excellence, auseinandersetzen. Zunächst wird unter der Leitfrage **Ciceros Ende – Welche Hoffnungen an Octavian hat Cicero? (AB 2 a)** darauf geschaut, wie Cicero zum jungen Octavian stand. Im zweiten Arbeitsblatt geht es dann um das Verhältnis von Cicero zu Marcus Antonius. Die Leitfrage lautet: **Ciceros Ende – Wie wird Marcus Antonius dargestellt? (AB 2 b).**
- Hernach sollen die Schülerinnen und Schüler herausarbeiten, wie Octavian nach und nach seine Machtposition verbessert hat. Die Bearbeitung von Kartenmaterial erfolgt unter der Leitfrage **Wie verändern sich die Machtbereiche der Protagonisten Octavian und Marcus Antonius? (AB 3).**
- Zuletzt geht es um den Prinzipat selbst. Unter der Leitfrage **Der Prinzipat des Augustus – Erneuerung der Republik oder alle Macht dem Princeps?** sollen zunächst die Verfassungen der Republik und die des Prinzipates miteinander verglichen (**AB 4 a**) und anschließend die Machtkompetenzen des Princeps betrachtet werden (**AB 4 b**).

Arbeitsblatt 1
S. 85

Arbeitsblätter 2 a/b
S. 86 + 88

Arbeitsblatt 3
S. 90

Arbeitsblätter 4 a/b
S. 93 – 94 + 96

Sachanalyse

Gemengelage nach Caesars Tod

Mit der Ermordung Caesars an den Iden des Märzes des Jahres 44 hatten die Verschwörer die Hoffnung geknüpft, die Republik zu retten. Zunächst erschien es möglich, die alte *res publica libera* zu restaurieren. Zwar mussten die Caesarmörder aus Rom flüchten und die Amtshandlungen Caesars blieben in Kraft, doch eine Fortsetzung der Diktatur erfolgte nicht. Es verwundert also kaum, dass Marcus Tullius Cicero nun die Chance witterte, die Republik zu retten, und zum Hauptkämpfer der Republikaner in Rom avancierte. Sein zentraler Gegner war auch schnell ausgemacht: Marcus Antonius. Dieser beanspruchte nämlich die Führung innerhalb der caesarianischen Partei und sah sich als legitimer Nachfolger an. Er schien aus Ciceros Sicht die Wiederherstellung der Republik zu gefährden.
Sehr gelegen kam es Cicero daher, dass Caesar in seinem Testament Gaius Octavius, den 18-jährigen Adoptivsohn Caesars, zum Erben bestimmt hatte. Dieser – der sich im Übrigen seit der Ermordung Gaius Iulius Gaii filii Caesars nannte – wollte dieses Erbe auch antreten, Marcus Antonius jedoch, der das Vermögen Caesar im Besitz hatte, rückte dieses nicht raus. Es kam zum Streit mit Antonius und diesen Zwist nutzte Cicero zu seinen Gunsten. Während Marcus Antonius Ende 44 v. Chr. einen Feldzug gegen Decimus Iunius Brutus in Norditalien führte, wurde Octavian von Cicero in höchsten Tönen gelobt und unterstützt. Dieser hob eigenständig Truppen für den Kampf gegen Antonius aus und erhielt auf Betreiben Ciceros

weitreichende Vollmachten vom Senat: Er wurde Senator, ohne je ein Amt zuvor bekleidet zu haben, erhielt die proprätorische Gewalt, womit er legal Truppen anführen durfte, und er erhielt die Erlaubnis, sich zehn Jahre vor dem gesetzlich festgelegten Mindestalter um Ämter zu bewerben.

Erfolg des Senats gegen Antonius und Bruch mit Octavian

Mit all diesen Sonderrechten ausgestattet, kam es nun zum militärischen Konflikt mit Antonius, der jedoch von den amtieren Konsuln Aulus Hirtius und Vibius Pansa angeführt worden ist. In der Schlacht von Mutina am 21.04.43 konnte das Heer des Antonius geschlagen werden, doch zugleich starben beide Konsuln bei diesem Feldzug. Das war der Anfang vom Ende des Bündnisses von Octavian mit den Republikanern, denn jetzt verlangte Octavian das Konsulat vom Senat, das dieser ablehnte. Der Bruch war dadurch vollzogen: Octavian nahm seine Truppen, marschierte in Rom ein und zwang den Senat, ihn zum Konsul zu ernennen. Zugleich wurden die Caesarmörder geächtet.

2. Triumvirat und Siege gegen Republikaner

Diese neue Entwicklung führte zu einer Annäherung zwischen Octavian und Marcus Antonius und im Oktober 43 war der Seitenwechsel von Octavian vollzogen: Das 2. Triumvirat zwischen ihm, Marcus Antonius und dem Reiterführer Marcus Aemilius Lepidus wurde geschlossen. Zugleich wurde Clodia, die Stieftochter des Antonius, Octavian zur Frau gegeben. Nachdem die drei Triumvirn von einer Volksversammlung am 27.11.43 diktatorische Vollmachten auf fünf Jahre erhalten hatten, kam es zu zahlreichen Proskriptionen gegen Anhänger der Republikaner. Antonius, der die Agitation Ciceros gegen ihn nicht vergessen hatte, ließ den Namen Cicero auf diese Liste schreiben – das Haupt des Redners fiel am 07.12.43.
Damit waren die Republikaner schon stark geschwächt worden, doch es kam noch schlimmer für sie: Mit der Niederlage von Gaius Cassius Longinus und Marcus Iunius Brutus im Oktober 42 in der Doppelschlacht von Philippi war das Ende der Republik im Grunde besiegelt.
Einzig Sextus Pompeius, ein Sohn des Gnaeus Pompeius, verblieb als letzte Gefahr für die Triumvirn. Er kontrollierte Sizilien und Sardinien und konnte zunächst nicht besiegt werden. Deshalb arrangierten sich die Triumvirn mit ihm und gestanden ihm im Vertrag von Misenum im Sommer 39 die Oberherrschaft über Korsika, Sardinien und Sizilien zu. Außerdem wurde ihm das Konsulat für das Jahr 35 zugesagt.
Problematisch für Octavian war jedoch, dass durch den Vertrag von Misenum auch die Einflusssphären von Octavian, Antonius und Lepidus neu abgesteckt worden sind und Octavian mit Abstand die ungünstigsten Gebiete erhalten hat. Hiergegen ging Octavian vor: Zwar wurde 37 das Triumvirat nochmals um fünf Jahre verlängert, aber Octavian besiegte nicht nur Sextus Pompeius und übernahm die Herrschaft über dessen Gebiete, vielmehr noch entmachtete er Lepidus, sodass nur noch Octavian und Antonius im Kampf um die Herrschaft im Römischen Reich übrigblieben.

Octavian vs. Antonius

Letztgenannter machte sich bald schon sehr unbeliebt beim römischen Volk, weil er mit seiner Geliebten Kleopatra luxuriös lebte, seinen Hauptsitz nach Athen verlagerte und sich von Octavia wegen Kleopatra scheiden ließ. Octavian nutzte die Abwesenheit seines Rivalen in Rom aus, um propagandistisch die Stimmung noch weiter gegen Antonius aufzuheizen. Octavian ließ das Testament des Antonius verlesen, nach dem Antonius Kleopatra und ihren gemeinsamen Kindern testamentarisch zahlreiche römische Gebiete vererben wollte. Die Stimmung kippte schließlich so sehr, dass der Senat zum einen Antonius von allen Ämtern enthob und zum anderen Kleopatra zur Staatsfeindin erklärte und damit einen Krieg gegen sie ermöglichte. Dieser Krieg, der sogenannte Ptolemäische Krieg, brachte die Entscheidung im Machtkampf zwischen Octavian und Antonius, der auf Seiten Kleopatras kämpfte: In der Seeschlacht bei Actium am 02.09.31 errang Octavian den entscheidenden

Sieg. Im folgenden Jahr eroberte Octavian mit seinen Truppen Alexandria – Kleopatra und Antonius nahmen sich das Leben.

Der Prinzipat des Augustus

Damit hatte sich Octavian final durchgesetzt, aber er wusste nur zu gut, dass er nicht wie sein Großonkel Caesar auftreten durfte, deshalb ließ er bei einem Staatsakt am 13.01.27 den Eindruck aufkommen, dass er die alte republikanische Ordnung wiederherstellen wolle. Er gab bei diesem Staatsakt nämlich dem Senat alle seine Machtbefugnisse zurück – allerdings: Es handelte sich hierbei um ein vorher bestimmtes Kalkül, denn nur wenige Tage später sollte Octavian für das Abtreten seiner alten Machtbefugnisse neue erhalten: Er erhielt einen Großteil der abgegebenen Provinzen zurück, bekam den Oberbefehl über die dortigen Truppen und wurde für die Jahre 27 – 23 zum Konsul bestimmt. Außerdem erhielt er den Ehrennamen Augustus. Der Prinzipat des Augustus war entstanden.
Die neue Herrschaftsordnung wurde im Jahre 23 etwas verändert. Augustus legte nämlich das Amt des Konsuls nieder und erhielt dafür vom Senat erneut weitreichende Entschädigungen: Er bekam den Oberbefehl und damit die Kontrolle über alle Provinzen (ab dem Jahr 19 auf Lebenszeit), ihm wurde auf Lebenszeit die Amtsgewalt eines Volkstribuns zugesprochen und er durfte temporär die Amtsbefugnisse eines Zensors ausüben. Damit wurde die Alleinherrschaft des Augustus auf Grundlage der alten republikanischen Ordnung massiv erweitert: Augustus allein unterstand das Heer und keiner konnte gegen Augustus mit regulären Truppen legal Krieg führen, er konnte Gesetzesvorlagen einbringen und mit einem Veto unliebsame Gesetze verhindern und über die Zusammensetzung des Senats bestimmen. Augustus konnte kurzum den Staat so verändern, wie es ihm beliebte.

Methodisch-didaktische Analyse

Der Auftakt in den finalen Baustein erfolgt über ein Arbeitsblatt, das die Republikaner und Caesarmörder in den Fokus rückt. Diese hatten bekanntlich alle die Hoffnung gehabt, nach dem Tod Caesars die alte Republik wiederherzustellen. Das erste Arbeitsblatt greift im Grunde das Ende des letzten Bausteines auf und steht unter der Leitfrage **Jubel oder Trauer? – Wie stehen die Republikaner zur Ermordung Caesars? (AB 1)**. Hierzu arbeiten die Schülerinnen und Schüler mit zwei verschiedenen Quellenarten – zum einen ein kurzer Auszug aus einer Rede Ciceros und zum anderen eine Münze, die aus dem von den Caesarmördern behaupteten Osten des Imperiums stammt. Im Kern geht es darum, dass die Schülerinnen und Schüler erkennen, dass die Republikaner sehr erfreut über den Tod Caesars waren und diesen als Befreiung von der Knechtschaft gesehen haben.

Leitfrage AB 1

Durchaus spannend könnte die Analyse der Münze werden, weil die Schülerinnen und Schüler vermutlich noch gar nicht oder nur selten mit dieser Art von Quelle in Kontakt gekommen sind. Es ist deshalb sicherlich kein Nachteil, wenn die Lehrkraft in einer kurzen Einleitung etwas zu Münzen als Quellengattung erklärt (Man kann dazu auch die abgebildete Münze benutzen und z. B. erläutern, dass dort gerne Herrscherportraits und Abkürzungen zu finden sind, die einer bestimmten Programmatik folgen.). Nach diesen einleitenden Worten dürfte die Bearbeitung der eigentlichen Aufgabe zu der Münze alles andere als eine unüberwindbare Hürde sein.

Es folgen zwei Arbeitsblätter, die sich mit den Philippischen Reden von Marcus Tullius Cicero befassen. Hierfür bietet es sich an, ein Kurzreferat zu diesen Reden zu verteilen, damit die Lernenden verstehen, welche Bedeutung diese Reden gespielt haben. Sollte die Person Ciceros gänzlich unbekannt sein, wäre ein Referat zu seinem Werdegang und seiner Rolle in der Republik eine notwendige Basis, wodurch die Lernenden klar einsehen können, dass Cicero einer der zentralen Köpfe nach der Ermordung Caesars auf Seiten der Republikaner war.

Der Fokus in den beiden Arbeitsblättern liegt indes auf der Beschreibung von Octavian und Antonius, die ja bekanntlich anfangs Gegner waren. Das erste Arbeitsblatt (**AB 2 a**) geht dabei der folgenden Leitfrage nach: **Ciceros Philippische Reden – Welche Hoffnungen an Octavian hat Cicero?** Das zweite Arbeitsblatt untersucht dagegen (**AB 2 b**) jene (Leit-)Frage **Ciceros Philippische Reden – Wie wird Marcus Antonius dargestellt?** Trotz dieser leicht unterschiedlichen Formulierung der jeweiligen Leitfrage darf man die Schilderungen nicht getrennt sehen, wird doch Octavian quasi als ein Anti-Antonius dargestellt.

AB 2a
Leitfrage
AB 2b
Leitfrage

Die Schülerinnen und Schüler sollen sich dabei in beiden Arbeitsblättern zunächst ausschließlich mit den Quellentexten befassen und darauf blicken, wie die Protagonisten jeweils dargestellt werden. Hierzu kann man später auch einen tabellarischen Vergleich anstellen, der pointiert, dass Antonius alles, was böse ist, ist, Octavian dagegen das Gute verkörpert.
Beide Arbeitsblätter schauen aber auch über die reine Rede hinaus, denn in beiden Fällen sollen die Schülerinnen und Schüler recherchieren und analysieren, inwiefern Cicero sich geirrt bzw. seine Ziele erreicht oder verfehlt hat. Diese Aufgaben können als Hausaufgabe erteilt werden.

Leitfrage
AB 3

Unter der Leitfrage **Wie verändern sich die Machtbereiche der Protagonisten Octavian und Marcus Antonius?** (**AB 3**) sollen sich die Lernenden als Nächstes mit Kartenmaterial befassen. Karten sind in der Geschichtswissenschaft ein gutes Hilfsmittel, um einen geografischen Überblick zu erhalten, und deshalb sollen die Schülerinnen und Schüler auch den Umgang mit Kartenmaterial erproben und üben.
Im Wesentlichen soll die Bearbeitung der Aufgaben zu einer Bearbeitung der Leitfrage führen, wobei die Schülerinnen und Schüler erkennen sollen, dass Octavian von einer ursprünglich schwächeren Ausgangsposition – er hatte weder die meisten Provinzen noch die besten erhalten – eine deutlich verbesserte Lage erreicht hat, aus der heraus er später den Kampf gegen Antonius aufnehmen konnte.
Methodisch sei noch erwähnt, dass die Karten entweder ausgeteilt oder beispielsweise auf OHP-Folien gezogen den Schülerinnen und Schülern gezeigt werden können.

AB 4 a/b
Leitfrage

Zum Abschluss des Bausteins steht eine vertiefte Auseinandersetzung mit dem Prinzipat des Augustus auf dem Programm (**AB 4 a und 4 b**). Hierdurch sollen die Schülerinnen und Schüler verstehen, wie Augustus seine Macht abgesichert und eine neue Herrschaftsform etabliert hat. Den Rahmen der beiden Arbeitsblätter bildet die Leitfrage **Der Prinzipat des Augustus – Erneuerung der Republik oder alle Macht dem Princeps?**
Um hierauf eine Antwort zu finden, sollen in einem ersten Schritt (AB 4 a) die Verfassung der Republik und die Verfassung des Prinzipats in Form von Schaubildern miteinander verglichen werden. Die Schülerinnen und Schüler werden bemerken, dass Augustus einige Elemente der alten republikanischen Ordnung übernommen hat, aber mit dem Amt und der Person des Princeps ein neues Element hinzugefügt hat, der eine große Machtfülle hatte. Dieser Eindruck soll nicht nur im zweiten Arbeitsblatt (AB 4 b) bestätigt, sondern auch vertieft werden, wenn die Schülerinnen und Schüler herausarbeiten sollen, welche Machtkompetenzen der Princeps hatte. Indem die Schülerinnen und Schüler abschließend – hier bietet sich eine Diskussion an – untersuchen und beurteilen sollen, ob ein Regieren gegen den Princeps möglich war, beantworten sie im Grunde auch die Leitfrage.

Jubel oder Trauer? – Wie stehen die Republikaner zur Ermordung Caesars?

M1 Der Staatsmann, Philosoph und Redner Marcus Tullius Cicero (106 – 43 v. Chr.) beurteilt in einer Rede im Oktober 44 v. Chr. die Ermordung Caesars (Cic. Phil. 2, 114):

Wenn nun jene unsere Befreier sich selbst aus unserem Blickfeld entfernt haben, haben sie aber das Vorbild ihrer Tat hinterlassen. Sie haben gemacht, was keiner gemacht hatte. Brutus[1] hat Tarquinius, der damals König war, als es in Rom erlaubt war, durch einen Krieg bekämpft; Spurius Cassius, Spurius Maelius, Marcus Manlius wurden aufgrund des Verdachts, die Königsherrschaft zu erstreben, getötet. Diese [= die Caesarmörder/unsere Befreier] haben fürs Erste mit ihren Schwertern nicht jemanden angegriffen, der nach der Königsherrschaft strebte, sondern die Königsherrschaft hatte. Diese Tat selbst ist sowohl für sich (gesehen) vortrefflich und göttlich, als auch ist sie zur Nachahmung zur Schau gestellt worden, vor allem, weil jene diesen Ruhm erlangt haben, von dem es scheint, dass er kaum vom Himmel erfasst werden kann.

Autorentext/Übersetzung von Andreas Sanfilippo basierend auf dem lateinischen Text aus https://www.thelatinlibrary.com/cicero/phil2.shtml [05.10.2020] sowie M. Tullius Cicero Fasc. 28 In M. Antonium orationes Philippicae XIV edidit P. Fedeli, 2. Aufl. Leipzig, 1986

M2 eine Münze aus dem Jahr 43/42 v. Chr. von den Caesarmördern aus dem Osten des Römischen Reiches

Alamy Stock Photo/access rights from Gibson Green, Abingdon/Oxfordshire

Aufschrift und Bildnis auf der Münze:
links: L. PLAET(orius) CEST(ianus), BRUT(us) IMP(erator)
zu Deutsch: L. Plaetorius [das ist derjenige, der die Münze geprägt hat], Brutus Feldherr
zu sehen ist ein Abbild von Marcus Iunius Brutus, einer der Caesarmörder
rechts: EID(us) MAR(tii)
zu Deutsch: Iden des Märzes
Zu sehen sind zwei Dolche und jene Mütze, die Freigelassene (also ehemalige Sklaven, die von ihrem Herrn freigelassen worden sind) getragen haben.

1. Stellen Sie dar, was Cicero von den Caesarmördern hält.
2. Erarbeiten Sie aus M2 und unter Zuhilfenahme der ergänzenden Hinweise dazu, wie die Caesarmörder ihre Tat bewertet haben.

[1] Der erwähnte Lucius Iunius Brutus hat womöglich nie existiert.

Best.-Nr. 024752

Ciceros Philippische Reden – Welche Hoffnungen an Octavian hat Cicero?

Nach der Ermordung Caesars schöpfte der frühere Konsul und Republikaner Marcus Tullius Cicero (106-43 v. Chr.) die Hoffnung, dass die von Caesar untergrabene Republik wiedererrichtet werden könne. Zur Erreichung dieses Ziels unterstützte er den jungen Gaius Octavius (der spätere Kaiser Augustus) gegen Marcus Antonius, den Cicero zu bekämpfen versuchte.
Die folgenden Auszüge aus den Philippischen Reden zeigen, was Cicero von Gaius Octavius und Marcus Antonius hielt.

M1 aus der 4. Philippischen Rede (20.12.44, vor dem Volk gehalten)

(2) [...] Gaius Caesar, der den Staat und eure Freiheit durch seinen Eifer, seinen Entschluss, und schließlich durch sein Erbe geschützt hat und schützt, ist mit höchsten Lobeshymnen des Senates geehrt worden. [...] (3) Ich lobe, ich lobe euch, Quiriten, dass ihr mit freundlichster Gesinnung den Namen des sehr berühmten jungen Mannes oder eher noch Knaben verfolgt; denn seine Taten gehören der Unsterblichkeit [...] an. Ich erinnere mich an vieles, ich habe vieles gehört, ich habe vieles gelesen, Quiriten; nichts Derartiges aus der Überlieferung aller Zeitalter kenne ich. Als wir von Knechtschaft bedrängt wurden, täglich das Übel anwuchs, wir nichts an Schutz hatten, uns dann vor der todbringenden und verderbenbringenden Rückkehr des Marcus Antonius fürchteten, fasste er diesen für alle unerwarteten und gewiss unbekannten Plan, nämlich ein ungeschlagenes Heer aus den Soldaten des Vaters [= Gaius Iulius Caesar] aufzustellen und die durch die übelsten Pläne angetriebene Raserei des Marcus Antonius – nämlich den Staat zu vernichten – abzuwehren.

Autorentext/Übersetzung von Andreas Sanfilippo basierend auf dem lateinischen Text aus https://www.thelatinlibrary.com/cicero/phil4.shtml [28.09.2020].

M2 aus der 5. Philippischen Rede (01.01.43, vor dem Senat)

a) (42) Ich komme zu Gaius Caesar [= Octavius], Senatoren: Wenn er nicht gewesen wäre, wer von uns könnte [noch] existieren? [...] (43) Welcher Gott hat hierauf uns, welcher Gott hat dem römischen Volk diesen Jüngling dargebracht? Als dem unheilbringenden Bürger [= Antonius] alles zu unserem Untergang offenstand, erhob sich dieser [= Octavius] wider Erwarten von allen plötzlich und stellte eher ein Heer auf, das er der Raserei des Marcus Antonius entgegenstellte, als irgendjemand vermutete, dass Gaius Caesar an Derartiges dachte.

Autorentext/Übersetzung von Andreas Sanfilippo basierend auf dem lateinischen Text aus https://www.thelatinlibrary.com/cicero/phil5.shtml [28.09.2020].

b) 50f. Alle Empfindungen des Jünglings sind mir bekannt. [...] Ich wage es sogar, Senatoren, mich für ihn zu verbürgen vor euch, vor dem römischen Volk und dem ganzen Staat [...]: Ich verspreche, gelobe, verbürge mich, Senatoren, dass Gaius Caesar immer ein solcher Bürger sein wird wie heute und so wie wir am meisten wollen und wünschen müssen, dass er sei.

Wilfried Stroh: Die Macht der Rede. Eine kleine Geschichte der Rhetorik im alten Griechenland und Rom, Berlin: List, 2011, S. 398

1. Arbeiten Sie aus dem Quellenmaterial heraus, wie Cicero den jungen Octavian charakterisiert.
2. Erläutern Sie (ggfs. unter Zuhilfenahme digitaler Medien), worin die Fehleinschätzung Ciceros bestand, die letzten Endes zu seinem Tod geführt hat.

Best.-Nr. 024752

Jubel oder Trauer?/Ciceros Philippische Reden

➡ Zu AB 1

1. **Stellen Sie dar, was Cicero von den Caesarmördern hält.**
Cicero ist begeistert von den Caesarmördern und bezeichnet sie als Befreier. Er lobt ihre Tat, rühmt sie und sieht sie als nachahmungsvoll an. Er stellt sie in eine Reihe mit der Befreiung von der Herrschaft des Königs Tarquinius Superbus.

2. **Erarbeiten Sie aus M2 und unter Zuhilfenahme der ergänzenden Hinweise dazu, wie die Caesarmörder ihre Tat bewertet haben.**
   - Genauso wie Cicero rühmen auch die Verschwörer ihre Tat. Die Münze ist eine Reminiszenz auf die Ermordung Caesars, was man anhand der beiden Dolche erkennen kann, die für die Dolche stehen, mit denen Caesar getötet wurde.
   - Das Verwenden der Mütze lässt erkennen, dass die Mörder Caesars ihre Tat als Befreiungstat einstufen. Diese Mütze trugen nämlich – wie angegeben ist – freigelassene Sklaven und übertragen auf die Caesarmörder bedeutet das, dass sie sich und die gesamte Bevölkerung als Sklaven während der Herrschaft Caesars angesehen haben, durch dessen Ermordung nun alle befreit worden seien und das Sklavendasein an ein Ende gelangt sei.

➡ Zu AB 2 a

1. **Arbeiten Sie aus dem Quellenmaterial heraus, wie Cicero den jungen Octavian charakterisiert.**
   - Schützer der Republik
   - großherzig, weil er das Erbe zum Aufstellen von Truppen verwendet habe
   - Octavian habe Taten vollbracht, an die immer erinnert werden wird („Unsterblichkeit").
   - Es gebe kein Vorbild in der langen römischen Geschichte, das seinem Handeln gleichkomme.
   - Befreier von der Furcht vor Antonius
   - göttlich („göttlicher Jüngling")
   - mutig (, weil er sich gegen Antonius erhebt)

2. **Erläutern Sie (ggfs. unter Zuhilfenahme digitaler Medien), worin die Fehleinschätzung Ciceros bestand, die letzten Endes zu seinem Tod geführt hat.**
Ciceros Fehleinschätzung bestand darin, davon auszugehen, dass Octavian immer auf der Seite der Republikaner stehen werde. Für den Moment hatte sich Octavian zwar als Kämpfer auf Seiten Ciceros erwiesen, doch schon bald wandelte sich dessen Verhalten gegenüber Cicero und er bildete mit Marcus Antonius ein Bündnis, das unter Hinzunahme von Marcus Aemilius Lepidus zum 2. Triumvirat geworden ist.

Best.-Nr. 024752

Ciceros Philippische Reden – Wie wird Marcus Antonius dargestellt?

Nach der Ermordung Caesars schöpfte der frühere Konsul und Republikaner Marcus Tullius Cicero (106-43 v. Chr.) die Hoffnung, dass die von Caesar untergrabene Republik wiedererrichtet werden könne. Zur Erreichung dieses Ziels unterstützte er den jungen Gaius Octavius (der spätere Kaiser Augustus) gegen Marcus Antonius, den Cicero zu bekämpfen versuchte.
Der folgende Auszug aus der 4. Philippischen Rede, die am 20.12.44 vor dem Volk gehalten wurde, zeigt, was Cicero von Marcus Antonius hielt.

aus der 4. Philippischen Rede

(4) Denn wen gibt es, der dies nicht erkennt, dass die Rückkehr des Antonius nicht ohne unseren Tod verlaufen wäre, wenn nicht Caesar [= Octavian] sein Heer ausgerüstet hätte? Denn so zog sich Antonius brennend vor Hass auf euch zurück, der blutbefleckt vom Blut römischer Bürger war, die er in Suessa und Brundisium getötet hatte, dass er an nichts außer den Untergang des römischen Volkes dachte. Welchen Schutz aber gab es für euer Wohl und eure Freiheit, wenn nicht des Gaius Caesars Heer – bestehend aus den mutigsten Soldaten seines Vaters – gewesen wäre? [...]
(5) Wer erkennt nicht, dass durch diesen Beschluss[1] Antonius zum Staatsfeind verurteilt wurde? Denn wie können wir ihn bezeichnen, gegen den diejenigen ein Heer führen, von denen der Senat glaubt, dass einzigartige Ehrungen für sie ausgesucht werden müssen? [...]
(6) [...] Welche schlimmeren Urteile erwartest du, Marcus Antonius? Caesar, der gegen dich ein Heer zusammengestellt hat, wird in den Himmel getragen; es werden mit den vorzüglichsten Worten die Legionen gelobt, die dich verlassen haben, die von dir herbeigerufen worden sind, die deine wären, wenn du lieber gewollt hättest, dass du Konsul statt Feind bist; [...].
(7) [...] Alle Sterblichen sind einstimmig der Ansicht, dass alle Waffen von denen, die wollen, dass das Staatswesen unversehrt existiert, gegen jenen Unhold ergriffen werden müssen. [...]
(8) [...] Wenn der Konsul Antonius ist, ist Decimus Brutus[2] der Feind; wenn Decimus Brutus der Bewahrer des Staates ist, ist der Feind Antonius. Können wir etwa zweifeln, welches von beiden zutrifft? [...]
(9) [...] Wer also hält jenen für den Konsul außer Räuber? [...]
(11) Nicht gibt es für euch, Quiriten, einen Kampf mit diesem Feind, mit dem es irgendeine Friedensbedingung geben kann. Denn jener begehrt nicht eure Knechtschaft wie früher, sondern nun als Erzürnter begehrt er euer Blut. Kein Spiel scheint ihm erfreulicher zu sein als Blut, Mord und Abschlachtung von Bürgern vor seinen Augen. (12) Ihr habt es nicht, Quiriten, mit einem verbrecherischen und ruchlosen Menschen, sondern mit einem unmenschlichen und abscheulichen Ungeheuer zu tun, das, weil es in eine Grube hineingefallen ist, zugeschüttet werden sollte. Wenn es nämlich von dort aufgetaucht sein wird, darf die Grausamkeit der Strafe nicht zurückgewiesen werden. [...] Welche Möglichkeit zum Frieden kann es mit ihm geben, in dem unglaubliche Grausamkeit und Treulosigkeit sind?

Autorentext/Übersetzung von Andreas Sanfilippo basierend auf dem lateinischen Text aus https://www.thelatinlibrary.com/cicero/phil4.shtml [28.09.2020].

1. Arbeiten Sie aus dem Quellenmaterial heraus, wie Cicero Marcus Antonius charakterisiert.
2. Untersuchen Sie (ggfs. unter Zuhilfenahme digitaler Medien), inwiefern Ciceros Plan, Marcus Antonius zu diskreditieren gelungen bzw. misslungen sind.

[1] Gemeint ist der Beschluss des Senates.
[2] Decimus Brutus war einer der Caesarmörder und führte zur Zeit der Rede einen Feldzug gegen Antonius im Norden Italiens.

Best.-Nr. 024752

Ciceros Philippische Reden – Wie wird Marcus Antonius dargestellt?

1. Arbeiten Sie aus dem Quellenmaterial heraus, wie Cicero Marcus Antonius charakterisiert.
   - hasserfüllt (4)
   - mörderisch (4)
   - freiheitsberaubend (4)
   - Staatsfeind (5)
   - Unhold (7)
   - blutrünstig (11)
   - verbrecherisch und ruchlos (12)
   - unmenschliches und abscheuliches Ungeheuer (12)
   - grausam (12)
   - Alles in allem ist Antonius ein Antirepublikaner.

2. Untersuchen Sie (ggfs. unter Zuhilfenahme digitaler Medien), inwiefern Ciceros Plan, Marcus Antonius zu diskreditieren gelungen bzw. misslungen sind.
   - Im ersten Moment hat Cicero Erfolg gehabt und es ist ihm gelungen, dass Marcus Antonius zum Staatsfeind erklärt worden ist. Es kam sogar zum Krieg zwischen den Truppen unter den Konsuln Hirtius und Pansa, die von Octavian unterstützt worden sind, und den Truppen des Antonius und am 21.04.43 wurde Antonius in der Schlacht bei Mutina geschlagen.
   - Auf lange Sicht ist Ciceros Plan jedoch fehlgeschlagen, denn eben jene Schlacht bei Mutina sollte sich als Wendepunkt erweisen. Durch den Tod der beiden Konsuln in dieser Schlacht strebte Octavian nach dem Konsulat, das ihm weder der Senat noch Cicero zugestehen wollten. So wurde Octavian in die Arme von Antonius getrieben und beide bildeten bald zusammen mit Marcus Aemilius Lepidus das 2. Triumvirat, im Zuge dessen Cicero den Tod fand. Antonius war zu diesem Zeitpunkt kein Staatsfeind mehr und zeitweise der mächtigste Mann des römischen Imperiums.

Best.-Nr. 024752

Wie verändern sich die Machtbereiche der Protagonisten Octavian und Marcus Antonius?

M1 Die Lage nach dem Vertrag von Misenum 39 v. Chr.

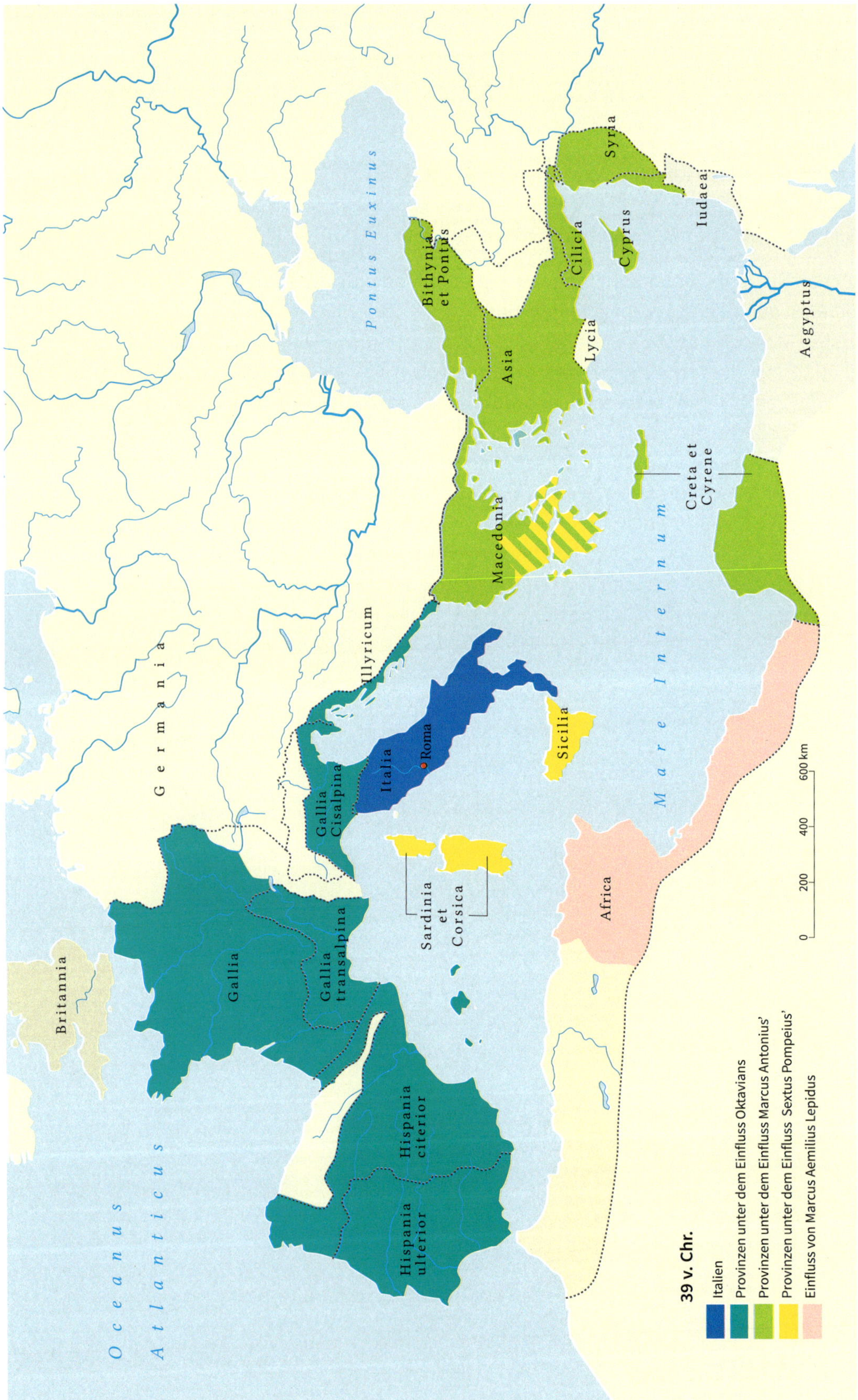

Franz-Josef Domke, Hannover

Best.-Nr. 024752

Wie verändern sich die Machtbereiche der Protagonisten Octavian und Marcus Antonius?

M2 Die Lage zu Beginn des Jahres 35 v. Chr.

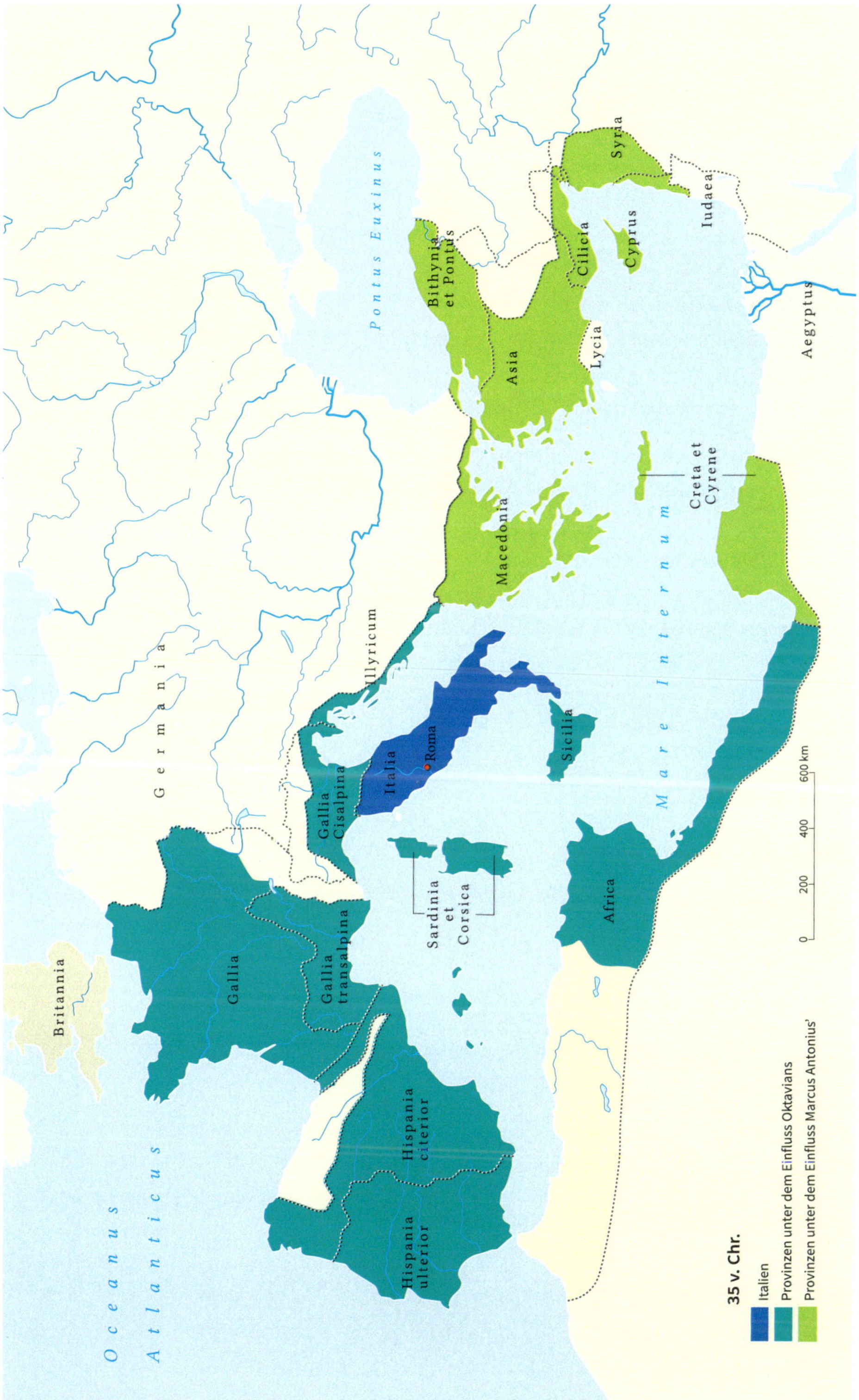

Franz-Josef Domke, Hannover

1. Beschreiben Sie beide Karten, wobei Sie vor allen Dingen die Machtbereiche von Octavian und Antonius beachten.

2. Analysieren Sie, inwiefern Octavian seine Macht zwischen 39 und 35 v. Chr. ausbauen konnte und welche Konsequenzen das für den späteren Kampf gegen Antonius hatte.

Best.-Nr. 024752

Wie verändern sich die Machtbereiche der Protagonisten Octavian und Marcus Antonius?

1. Beschreiben Sie beide Karten, wobei Sie vor allen Dingen die Machtbereiche von Octavian und Antonius beachten.
   Die beiden Karten zeigen zu den Zeitpunkten 39 v. Chr. (Vertrag von Misenum) und 35 v. Chr. an, über welche Gebiete einzelne römische Staatsmänner regierten. Hierzu lässt sich das Folgende sagen:
   Herrschaftsgebiete in Karte 1 (39 v. Chr.):
   - Octavian: Spanien, Gallien, Norditalien (Gallia Cisalpina) und Dalmatien
   - Marcus Antonius: Cyrene, Griechenland (teils mit Sextus Pompeius), Makedonien, Epirus und Asia (Kleinasien)
   - Sextus Pompeius: Korsika, Sardinien, Sizilien, Teile von Griechenland zusammen mit Antonius
   - Marcus Aemilius Lepidus: Numidien, Provinz Africa

   Herrschaftsgebiete in Karte 2 (35 v. Chr.):
   - Octavian: Spanien, Gallien, Norditalien (Gallia Cisalpina), Dalmatien, Korsika, Sardinien, Sizilien, Numidien, Provinz Africa
   - Marcus Antonius: Cyrene, Griechenland, Makedonien, Epirus und Asia (Kleinasien)

2. Analysieren Sie, inwiefern Octavian seine Macht zwischen 39 und 35 v. Chr. ausbauen konnte und welche Konsequenzen das für den späteren Kampf gegen Antonius hatte.
   In den Jahren vom Vertrag von Misenum 39 v. Chr. bis 35 v. Chr. konnte Octavian einige Provinzen und Gebiete erobern. *Er konnte sowohl Sextus Pompeius besiegen und die Inseln Korsika, Sardinien und Sizilien für sich beanspruchen, als auch seinen Mittriumvirn Marcus Aemilius Lepidus entmachten und dessen Provinzen übernehmen.* Mit diesem Zuwachs an Macht kontrollierte Octavian den gesamten Westen des Reiches, während Antonius' Machtbereich der Osten verblieb. Mit der Einnahme Siziliens und Teilen von Afrika gelangte Octavian zudem an wichtige Nahrungsmittel (z. B. Getreide), wodurch sich seine strategische Position im Kampf gegen Antonius deutlich verbessert hat.

Best.-Nr. 024752

Der Prinzipat des Augustus – Erneuerung der Republik oder alle Macht dem Princeps? (I)

M1 Schaubilder zur römischen Verfassung nach der Diktatur Sullas (78 v. Chr.)

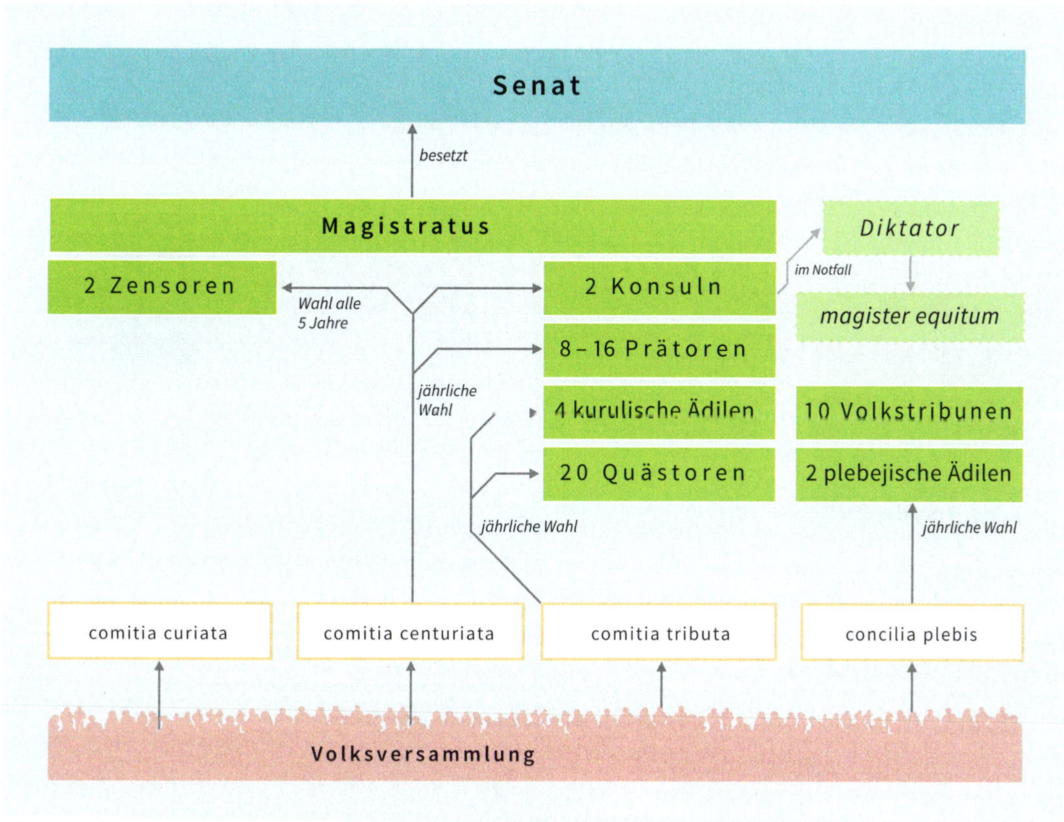

Franz-Josef Domke, Hannover

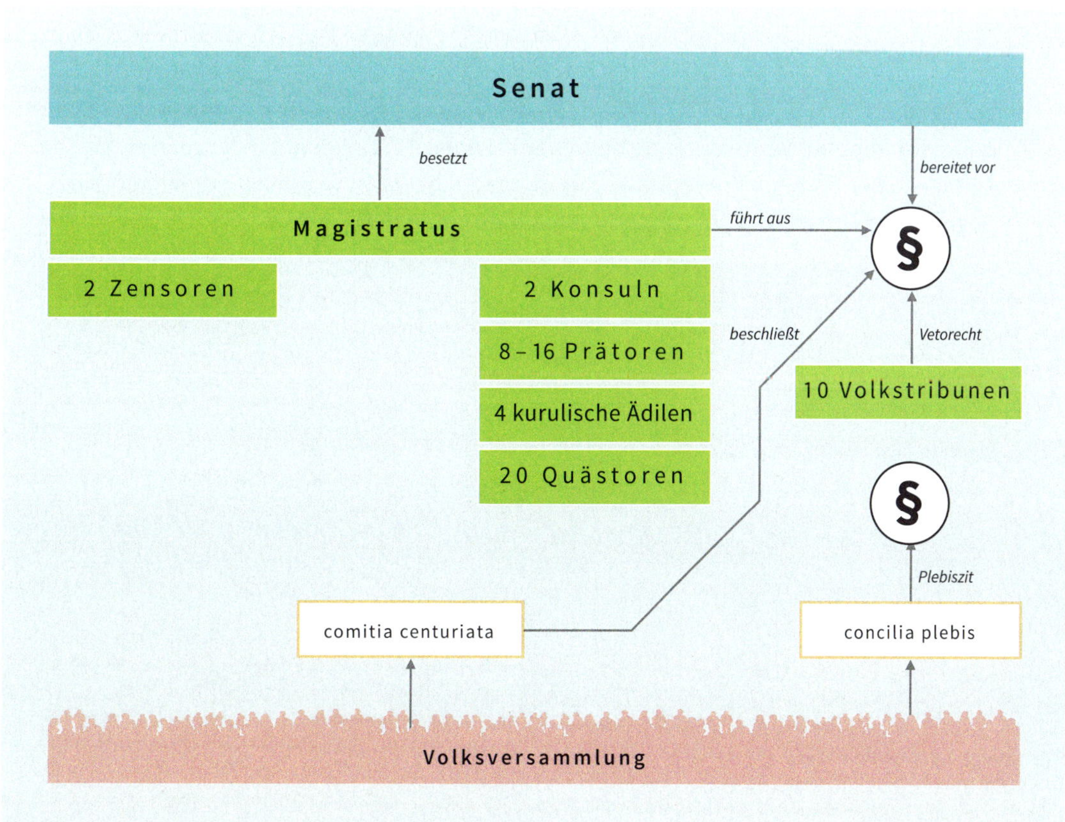

Franz-Josef Domke, Hannover

Best.-Nr. 024752

Der Prinzipat des Augustus – Erneuerung der Republik oder alle Macht dem Princeps? (I)

M2 Schaubild zum Prinzipat des Augustus

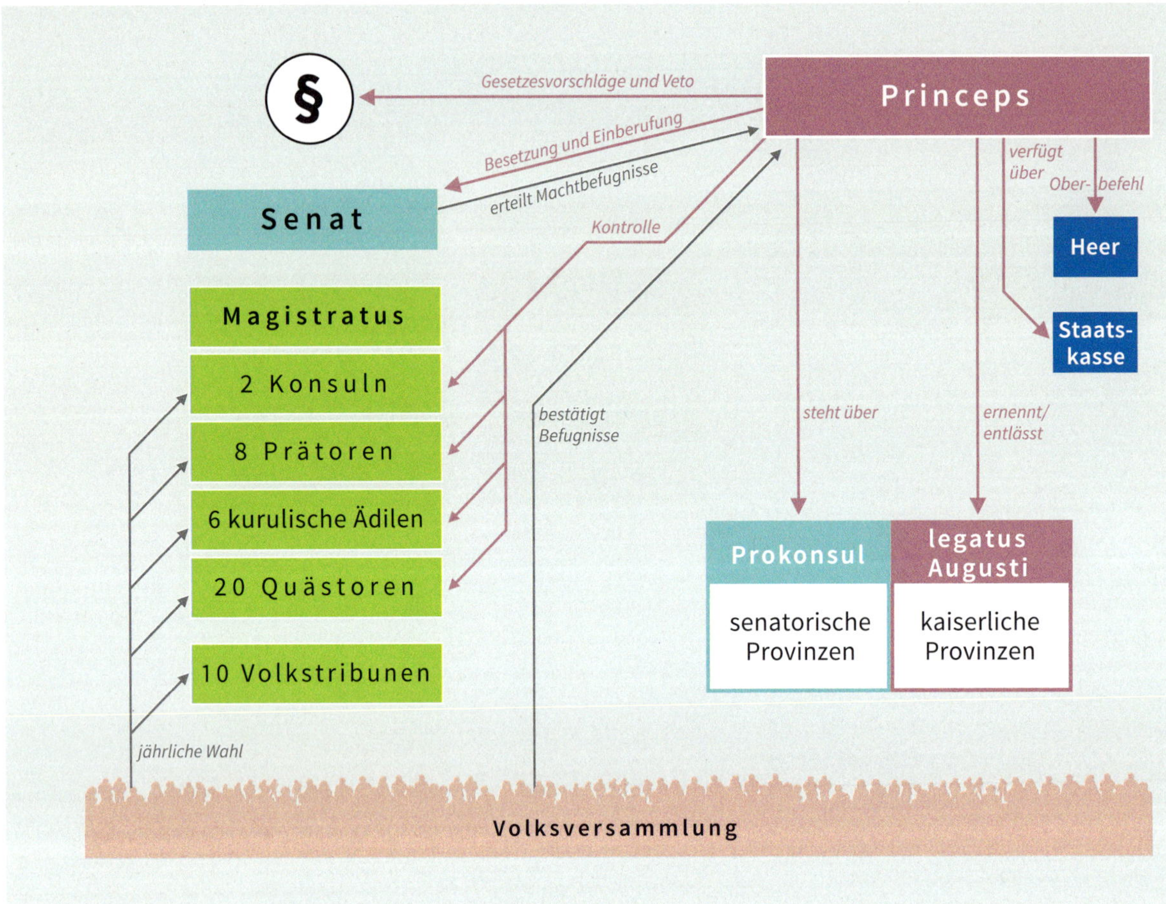

Franz-Josef Domke, Hannover

- Vergleichen Sie die beiden Verfassungen (Hinweis: Es empfiehlt sich mit einer Beschreibung der Republikverfassung zu beginnen). Gehen Sie dabei auch darauf ein, welche Elemente der Römischen Republik von Augustus bewahrt worden sind; stellen Sie begründete Thesen auf, warum Augustus dies getan hat.

Der Prinzipat des Augustus – Erneuerung der Republik oder alle Macht dem Princeps? (I)

- **Vergleichen Sie die beiden Verfassungen (Hinweis: Es empfiehlt sich mit einer Beschreibung der Republikverfassung zu beginnen). Gehen Sie dabei auch darauf ein, welche Elemente der Römischen Republik von Augustus bewahrt worden sind; stellen Sie begründete Thesen auf, warum Augustus dies getan hat.**
  - Beschreibung der Verfassung der Republik: An der Spitze des römischen Staates stand der Senat, dessen Zusammensetzung von den Zensoren bestimmt worden ist. Er bereitete die Gesetzesvorschläge vor, über die die *comitia centuriata* abstimmte. Zugleich besaßen die Volkstribune ein Vetorecht gegenüber Gesetzesvorhaben.
    Volkstribunen und sämtliche Magistrate fernab des Zensorenamtes wurden jährlich vom Volk gewählt und es galt eine bestimmte Reihenfolge, wie die Ämter zu bekleiden sind.
  - Im Prinzipat gab es weiterhin alle wichtigen Magistraturen, die auch weiterhin jährlich vom Volk gewählt worden sind. Insofern hatte Augustus die alten Elemente der Republik teilweise bewahrt und seine eigene Herrschaft quasi in der Hülle der Republiksverfassung aufgebaut.
    Zwar übertrug der Senat dem Princeps die Machtbefugnisse, doch konnte er über die Besetzung des Senates bestimmen. Gleichzeitig war der Princeps berechtigt, Gesetzesvorschläge einzubringen und sein Veto gegen unliebsame Gesetze auszusprechen. Zudem gab es neben den vorherigen senatorischen Provinzen seit Augustus auch kaiserliche Provinzen. Über alle Provinzen stand der Princeps, der so die Statthalter kontrollieren konnte. Darüber hinaus war er zugleich Oberbefehlshaber und Herr über die Staatskasse.
  - These für das Bewahren alter republikanischer Elemente: Um maximale Zustimmung für seine Herrschaft zu erhalten, konnte Augustus nicht zentrale Elemente wie den *cursus honorum* (Ämterlaufbahn) der Republik abschaffen, da diese Ämter mit Prestige und Ansehen versehen waren. Durch Caesars Ermordung wusste er ganz genau, dass er die Republik nicht einfach beseitigen konnte und behielt deshalb wichtige Elemente bei.

Der Prinzipat des Augustus – Erneuerung der Republik oder alle Macht dem Princeps? (II)

über den Prinzipat

Spätestens mit dem Selbstmord von Marcus Antonius 30 v. Chr. war der Machtkampf im römischen Reich nach der Ermordung von Gaius Iulius Caesar zu Gunsten von Caesars Adoptivsohn, Gaius Octavian, entschieden worden. Zwar war Octavian damit seit dem Jahre 30 v. Chr. aufgrund seiner Vollmachten der Alleinherrscher über das Imperium, aber wusste er aufgrund des Schicksals seines Adoptivvaters, dass er nicht ohne Weiteres die alte republikanische Ordnung missachten konnte. Aus diesem Grund kam es im Jahre 27 v. Chr. zu einem bemerkenswerten Vorgang: Auf einer Senatssitzung am 13.01.27 v. Chr. gab Octavian alle seine Machtbefugnisse an den Senat zurück. Hierdurch zeigte Octavian offensichtlich ganz deutlich, dass er daran interessiert war, die republikanische Ordnung Roms wiederherzustellen. Allerdings kam dieser Schritt von Octavian nicht von ungefähr, sondern wurde intensiv geplant. Nur kurz nachdem Octavian seine Vollmachten zurückgegeben hatte, erteilte ihm der Senat neue, weitreichende Sondervollmachten:

1) Octavian bekam einen Großteil der Provinzen zurück;

2) er erhielt das sogenannte *imperium proconsulare*, womit er Oberbefehlshaber der Truppen in seinen Provinzen war;

3) Octavian ließ sich für die Jahre 27 – 23 zum Konsul bestimmen. Am 16.01.27 v. Chr. erteilte ihm dann der Senat einen Ehrennamen, unter dem Octavian heute berühmt ist: Augustus (der Erhabene).

Nachdem Augustus einige Jahre mit diesen Vollmachten ausgestattet war, legte er 23 v. Chr. das Amt des Konsuls nieder. Dafür erhielt er vom Senat weitreichende Entschädigungen:

1) Augustus bekam die große prokonsularische Gewalt (lat. *imperium proconsulare maius*), womit er auch in den Provinzen, denen dem Senat und nicht Augustus gehörten, den obersten Rang einnahm. Im Jahre 19 v. Chr. wurde ihm diese Machtbefugnis auf Lebenszeit verliehen.

2) Er erhielt die lebenslange Amtsgewalt eines Volkstribuns (lat. *tribunicia potestas*), d. h. Augustus konnte u. a. Gesetzesvorschläge der Volksversammlung zur Abstimmung vorlegen, den Senat einberufen und ein Veto gegen jede Amtshandlung von Magistraten und gegen Gesetzesbeschlüsse aussprechen.

3) Zunächst für eine bestimmte Zeit hatte Augustus die Amtsbefugnisse eines Zensors (lat. censoria potestas), d. h. Augustus konnte die Größe und die Zusammensetzung des Senats bestimmen.

Damit war die Alleinherrschaft endgültig vom Senat manifestiert worden. Zusammengefasst kann man Folgendes sagen: Augustus hat die alte republikanische Ordnung bewahrt, jedoch hebelte er sie zugleich aus, indem er Inhaber lebenslanger Sondervollmachten war, mit denen er den Senat und die Magistrate kontrollieren konnte und den Staat so nach seinen Vorstellungen umbauen und regieren konnte.

Autorentext

1. Stellen Sie dar, wie Augustus seine Macht gesichert hat.
2. Untersuchen Sie (auch unter Zuhilfenahme von AB 4 a), ob ein Regieren und Vorgehen gegen den Princeps möglich war.

Best.-Nr. 024752

Der Prinzipat des Augustus – Erneuerung der Republik oder alle Macht dem Princeps? (II)

1. Stellen Sie dar, wie Augustus seine Macht gesichert hat.

- Augustus ließ sich Vollmachten vom Senat übertragen, mit denen er seine Alleinherrschaft legitimieren konnte.
- Zunächst erhielt er nach Rückgabe aller Machtbefugnisse 27 v. Chr. einige Provinzen und den Oberbefehl über die dortigen Truppen zurück.
- 23 v. Chr. bekam er dann die große prokonsularische Gewalt und die Machtbefugnisse eines Volkstribuns auf Lebenszeit verliehen, wodurch er einerseits über alle Provinzen verfügte und das Vetorecht gegen unliebsame Gesetzesbeschlüsse besaß. Mit der zunächst zeitweise vergebenen Amtsgewalt eines Zensors konnte er die Zusammensetzung des Senates bestimmen.

2. Untersuchen Sie (auch unter Zuhilfenahme von AB 4 a), ob ein Regieren und Vorgehen gegen den Princeps möglich war.

Ein tatsächliches Regieren gegen den Princeps war nicht möglich. Das liegt daran, weil der Princeps so weitreichende Vollmachten und Amtbefugnisse hatte, dass er gegen jeden und alles vorgehen konnte. Gab es eine Gesetzesvorlage, die ihm missfiel, konnte er sein Veto einlegen. Wollte der Senat rebellieren, konnte er mit seiner zensorischen Amtsgewalt kurzerhand die Zusammensetzung der Senatoren zu seinen Gunsten verändern. Wollte man den Princeps gar abzusetzen versuchen, konnte der Princeps als Oberbefehlshaber über alle Truppen militärisch dagegen vorgehen. Selbst in den Provinzen war es nicht möglich, Politik gegen den Princeps zu machen, da er über alle Provinzen stand und die Statthalter absetzen konnte.

Best.-Nr. 024752

Teste dein Wissen

Das folgende Spiel wird zu zweit gegeneinander gespielt. Unter den Buchstaben A und B befinden sich jeweils acht Fragen und Aufgaben, wobei die Klammern die Punktzahl für die richtige Antwort angeben. Einer von Ihnen bekommt den Aufgabensatz A, der andere den Aufgabensatz B ausgeteilt. Diese einzelnen Fragen und Aufgaben sollen Sie sich gegenseitig stellen.

Bevor Sie dies jedoch machen, müssen Sie die Fragen und Aufgaben, die Sie dem anderen stellen werden, natürlich selbst schriftlich beantworten. Dazu können Sie sich mit den anderen Kursmitgliedern zusammensetzen, die auch den gleichen Aufgabensatz haben wie Sie. Danach empfiehlt es sich, die einzelnen Fragen und Aufgaben auszuschneiden.
Wenn alles vorbereitet ist, dann können Sie loslegen und sich die Fragen bzw. Aufgaben nacheinander gegenseitig stellen. Sieger ist, wer mehr Punkte erzielt. Feliciter eveniat (= Viel Erfolg!)!

Aufgabensatz A
Wer hielt die sogenannten Philippischen Reden? (1)
Geben Sie den Namen der Herrschaftsform des Augustus an. (1)
In welchem Verwandtschaftsverhältnis standen Caesar und Octavian? (1)
Zu welcher „List“ griff Octavian, um gegen Marcus Antonius Krieg führen zu können? (2)
Beschreiben Sie, wie Antonius in den Philippischen Reden dargestellt wird. (2)
Geben Sie die grobe geografische Region für die Gebiete an, die Octavian und Antonius durch den Vertrag von Misenum erhielten. (2)
Erläutern Sie, was die tribunizische Gewalt ist. (3)
Geben Sie die vollständigen Namen der drei Triumvirn an. (3)

Aufgabensatz B
In welchem Monat ist Caesar ermordet worden? (1)
Der Kopf von welchem Caesarmörder wurde nachweislich auf Münzen nach der Ermordung Caesars geprägt? (1)
Geben Sie den Namen der Entscheidungsschlacht gegen Marcus Antonius an. (1)
Nennen Sie die vollständigen Namen von zwei Politikern der Republikaner. (2)
Erklären Sie, warum es kurz nach dem Tod Caesars zwischen Octavian und Antonius zunächst zum Konflikt kam. (2)
Über welche Gebiete herrschte Sextus Pompeius? (2)
Erläutern Sie, was die zensorische Gewalt ist. (3)
Erläutern Sie, was das *imperium proconsulare maius* ist. (3)

Teste dein Wissen

mögliche Lösungen zu den Fragen und Aufgaben:

Aufgabensatz A:

Wer hielt die sogenannten Philippischen Reden? (1)	Marcus Tullius Cicero
Geben Sie den Namen der Herrschaftsform des Augustus an. (1)	Prinzipat
In welchem Verwandtschaftsverhältnis standen Caesar und Octavian? (1)	Großonkel zu Großneffe (alternativ: Adoptivvater zu Adoptivsohn)
Zu welcher „List" griff Octavian, um gegen Marcus Antonius Krieg führen zu können? (2)	Er ließ Kleopatra zur Staatsfeindin erklären, womit er legal gegen sie einen Feldzug durchführen konnte.
Beschreiben Sie, wie Antonius in den Philippischen Reden dargestellt wird. (2)	Antonius wird u. a. als blutrünstig und republikfeindlich dargestellt.
Geben Sie die grobe geografische Region für die Gebiete an, die Octavian und Antonius durch den Vertrag von Misenum erhielten. (2)	Octavian: Nordwesten und Westen Antonius: Osten
Erläutern Sie, was die tribunizische Gewalt ist. (3)	Dies ist die Amtsgewalt eines Volkstribuns, wodurch es möglich war, ein Veto gegen Gesetze einzulegen.
Geben Sie die vollständigen Namen der drei Triumvirn an. (3)	Gaius Octavius (oder: Gaius Iulius Gaii filii Caesar), Marcus Antonius, Marcus Aemilius Lepidus

Aufgabensatz B:

In welchem Monat ist Caesar ermordet worden? (1)	März
Der Kopf von welchem Caesarmörder wurde nachweislich auf Münzen nach der Ermordung Caesars geprägt? (1)	Marcus Iunius Brutus
Geben Sie den Namen der Entscheidungsschlacht gegen Marcus Antonius an. (1)	Schlacht von Actium
Nennen Sie die vollständigen Namen von zwei Politikern der Republikaner. (2)	z. B. Marcus Iunius Brutus, Marcus Tullius Cicero
Erklären Sie, warum es kurz nach dem Tod Caesars zwischen Octavian und Antonius zunächst zum Konflikt kam. (2)	Antonius sah sich als Anführer der Caesarianer und verfügte über die Erbmasse Caesars. Diese stand aber laut Testament Octavian zu. Dieser wollte das Erbe antreten. Es kam zum Streit.
Über welche Gebiete herrschte Sextus Pompeius? (2)	Sizilien, Sardinien, Korsika
Erläutern Sie, was die zensorische Gewalt ist. (3)	Die Amtsgewalt des Zensors, mit der man über die Zusammensetzung des Senates bestimmen konnte.
Erläutern Sie, was das *imperium proconsulare maius* ist. (3)	Durch das *imperium proconsulare maius* erhielt man den Oberbefehl über alle Truppen in den Provinzen.

Bildquellenverzeichnis

|akg-images GmbH, Berlin: Scala 1.1, 1.2. |Alamy Stock Photo, Abingdon/Oxfordshire: access rights from Gibson Green 85.1; Granger Historical Picture Archive 28.1. |Alamy Stock Photo (RMB), Abingdon/Oxfordshire: incamerastock 77.1. |Domke, Franz-Josef, Hannover: 54.1, 90.1, 91.1, 93.1, 93.2, 94.1.